Les pommes seront fameuses cette année

Élise Fischer

Les pommes seront fameuses cette année

Roman

Les Éditions Retrouvées

Les Éditions Retrouvées, 2014
avec l'autorisation des Éditions Fayard

ISBN : 978-2-36559-082-2

À Loona, ma petite-fille

De tout ton cœur honore ton père
et n'oublie jamais ce qu'a souffert ta mère.
Souviens-toi qu'ils t'ont donné le jour :
que leur offriras-tu en échange
de ce qu'ils ont fait pour toi ?

(L'Ecclésiaste, chap. VII, 27-28)

Samedi 19 août

J'en viendrai à bout de ce fichu papier bleu défraîchi, je l'arracherai jusqu'au dernier centimètre. Les trois premiers murs n'ont pas résisté à mon ardeur. Reste le dernier mur où s'appuie la baignoire. Une vraie partie de plaisir ! J'ai beau mouiller le mur à coups d'éponge gorgée d'eau, le papier ne se décolle pas ou si peu... Agacée, je quitte l'escabeau pour grimper sur les bords de la baignoire et être plus proche du papier à arracher. C'est risqué parce que je glisse parfois, mais c'est nettement mieux, car le papier semble céder. Si ce soir la place est nette, je commencerai à poser le nouveau papier. Demain tout sera fini et nous pourrons enfin partir en Lorraine. Papa et maman nous y attendent.

Mercredi, j'ai téléphoné à maman, c'est papa qui a répondu.

— T'avais dit que tu viendrais pour le 15 août.

Il était déçu.

Comment lui expliquer qu'on ne fait pas ce qu'on veut quand on est journaliste ? Début août, le rédacteur en chef de mon journal m'a expédiée à Louvain-la-Neuve en Belgique pour un reportage sur des

« pensionnés » qui ont réinventé le béguinage au lieu de s'enfermer dans une maison de retraite traditionnelle. De ce fait, l'aide promise à Matthieu, le cadet de mes trois fils, a pris du retard. Deux mémoires pour son DEA en éthologie sont à relire.

— Papa, ne m'en veux pas, ce n'est que partie remise. Dans deux petites semaines nous serons ensemble. D'abord, parce que ça me fait plaisir, et puis parce que j'ai besoin de me promener dans la région pour mon roman. Je voudrais retourner à Sion, refaire certains pèlerinages.

— Ah, tu viendras alors, c'est sûr ? Et tes travaux dans la maison ?

— C'est presque terminé. Michel a bien travaillé. Il reste la salle de bains.

J'ai senti que je l'avais rassuré. Il avait hâte de me montrer son œuvre, les transformations dans le jardin.

— Oui, papa, nous cueillerons des haricots. Je suis sûre qu'ils sont magnifiques. Il n'y a pas meilleur jardinier que toi.

Je mouille le mur encore, cherche l'endroit par où le papier, qui commence à plisser, va offrir une prise suffisante pour que je puisse tirer et arracher. Les gestes sont répétés. La transpiration me gagne. Les cheveux se plaquent sur mon visage. Je souffle pour les décoller puisque mes mains sont occupées, l'une à tremper l'éponge dans le seau posé sur la plus haute marche de l'escabeau, l'autre à trouver un appui, tantôt au mur, tantôt au montant de l'escabeau. Il y a de l'énervement dans l'air, je voudrais aller plus vite.

Soudain je glisse, perds l'équilibre. Ça devait arriver, mon mari m'avait prévenue.

— Tu prends encore des risques.

Une fraction de seconde, la peur m'irrigue, ma tête va heurter la robinetterie. Je vois du sang gicler partout sur les carrelages clairs et l'émail blanc de la baignoire. La nausée, déjà ! Mais non, un rétablissement spectaculaire me flanque debout dans la baignoire au milieu des débris de papier. Une pensée me traverse l'esprit : « C'est un avertissement. » Pensée qui appelle une question : « Pourquoi ? » Je n'ai pas le temps de chercher ou de trouver la réponse. Au fond de moi, une petite voix frêle déjà lointaine murmure : « Ce n'est rien, laisse les choses se faire... » Cette situation pour le moins étrange est très perturbante. Dans un peu plus d'une heure, je comprendrai.

Il a fallu interrompre le travail, se lancer dans la préparation du repas.

— T'embête pas avec un truc compliqué, a crié Guillaume du haut de ses presque dix-sept ans, des nouilles ce sera très bien.

Va pour les nouilles. Le téléphone sonne alors que l'eau dans la casserole frémit.

— C'est moi... Ton père a eu une attaque, enfin je crois, il est à l'hôpital.

Maman a dit cela d'une voix étouffée, mangée par les larmes qu'elle tente de retenir. Elle reprend son souffle avant d'implorer.

— Si tu pouvais venir, je suis toute seule.

Bien sûr que je vais venir.

— Maman, donne-moi cinq minutes, le temps de m'organiser. Si je ne peux pas partir aujourd'hui, c'est Michel qui te rejoindra avant ce soir. Oui, il est là, il a compris, bien sûr qu'il est d'accord. Tu ne seras pas seule. Ne t'inquiète pas. J'essaie de te trouver quelqu'un sur place en attendant notre arrivée.

— Oh, viens ma grande, s'il te plaît, ne me laisse pas.

Elle, plutôt habituée à donner des ordres, à toujours commander, se fait suppliante. Sa plainte n'est qu'un souffle. Une détresse vraie à laquelle je vais moi aussi céder si je ne me reprends pas. Il faut être forte pour deux, pour trois.

Mais comment empêcher l'emballement du cœur ? Sous le coup de l'émotion, il bat à tout rompre. Dans la tête, tout se télescope. Les enfants à prévenir, le travail qui doit impérativement être rendu au journal dès lundi matin. Qui contacter un samedi ? Comment faire sans laisser maman toute seule, perdue sans son homme ? Près de quatre cents kilomètres nous séparent et c'est le bout du monde. Qui trouver pour l'entourer ? Au mois d'août, avec les vacances... Très vite l'inventaire des présents et des absents est dressé.

Joselyne, ma cousine, ma sœur de toujours. Si elle est là, elle courra chez sa tante Jeannette, la femme de son parrain. Chaque fois que je songe à elle ou à ses sœurs, une immense bouffée de tendresse m'envahit, c'est toute l'enfance qui me revient, mais cette fois, l'émotion, la peine font barrage.

Joselyne a décroché. D'une voix soleil elle témoigne de son bonheur de nous savoir reliées.

— Je pensais à toi et à Michel, à l'instant. Ton père avait parlé de votre venue. Avec François, nous avons pensé vous kidnapper un jour ou deux.

J'arrive à peine à lui expliquer les choses.

— C'est pas ça... Papa est à l'hôpital, un malaise subit. Il était déjà dans le coma quand le Samu l'a dirigé sur Saint-Julien. Maman est paumée. Si tu pouvais faire un saut jusqu'à Frouard, être près d'elle, au moins le temps que Michel arrive, pendant que je tente de prévenir les journaux pour lesquels je travaille...

— Tu as bien fait de m'appeler.

Joselyne est seule ce week-end, donc très disponible. Elle n'avait rien de prévu. Elle prépare son sac de nuit et elle rejoint sa tante chérie.

— Je la préviens de mon arrivée. Dans moins d'une heure je serai à Frouard. Epinal-Nancy c'est très vite fait depuis cette belle route à quatre voies. Prends ton temps, ma cousine, organise-toi, je passerai la nuit auprès d'elle, jusqu'à ton arrivée.

Combien de coups de téléphone sont donnés pour alerter mes sœurs ? Janine, l'infirmière, travaille à l'hôpital de Metz. Marie-Lise doit être occupée dans son jardin en Savoie. Quant à Geneviève, installée en Touraine, je n'arrive pas à la joindre. Elles vivent leur vie, n'éprouvent pas forcément le besoin de rendre compte de leurs actes. Quand tout va bien, on ne pense pas au malheur qui peut venir cogner aux portes sans qu'on l'attende.

*

Qui pouvait imaginer ce malaise étrange, foudroyant pour papa, parti le matin même au pas de charge jusqu'au centre commercial ? Papa adore faire les courses. Le samedi, il y a du monde. Il est sûr d'y rencontrer les uns et les autres, de bavarder. À n'en pas douter, il a parlé de la pluie qui se faisait désirer et des longues séances d'arrosage auxquelles il faudrait encore se soumettre.

— Pour récolter quand même quelques haricots puisque le Père-Bon-Dieu se fait tirer l'oreille pour envoyer un peu d'eau.

Je suis certaine qu'il a acheté des mirabelles. Les premières mirabelles dorées à souhait dans d'immenses paniers. Il en a rempli un cornet imaginant déjà le sourire de sa Jeanne. Il a dû se souvenir du temps où il allait les gauler pour le compte de l'une ou l'autre exploitation agricole de Champigneulles et de Bouxières. Il était payé en nature pour le travail effectué. Les cageots de mirabelles, promesses de belles tartes, s'étalaient alors au milieu de la cuisine. Mes cousines et cousins et moi nous nous lancions des clins d'oeil complices. Nous avions la chance d'habiter la même rue et chaque jour nous rassemblait pour un motif ou un autre. Les mirabelles, les quetsches, les haricots verts, chez nous, ou chez la sœur et le frère de papa, signifiaient que nous allions aider aux conserves familiales. Ce serait le temps des histoires, des rires, ou des confidences pendant que nous dénoyauterions les fruits, couperions les queues des haricots avant de les enfiler dans les bouteilles de limonade qui seraient mises à bouillir dans les lessiveuses sur un réchaud au fond du jardin. Les bocaux, les stérilisateurs viendraient plus tard.

Ce matin papa devait se réjouir de notre venue. Il l'a dit à tous ceux rencontrés d'un rayon à l'autre.

— Ah oui, je suis content, mes Parisiens vont venir ! On fera sûrement quelques virées dans les Vosges et peut-être même qu'on poussera jusqu'en Alsace.

*

J'ai téléphoné à l'hôpital Saint-Julien, à Nancy. C'est le médecin qui l'a opéré qui m'a répondu.

— Votre père a eu une rupture d'anévrisme. Il était dans le coma à son arrivée. L'hémorragie a été abondante. Mais le scanner a montré que l'anévrisme était accessible. Comme votre père est en parfaite santé à soixante-treize ans, je l'ai opéré. Pour ne pas le fatiguer le temps que le sang s'écoule, j'ai préféré le maintenir endormi. D'ici quelques jours, il devrait se réveiller... Comment sera-t-il ? Je ne peux pas me prononcer pour l'instant.

Lorsque je repose le combiné du téléphone sur son socle, malgré la chaleur du mois d'août, j'ai froid, terriblement froid. Du même froid qui vous étreint dans les cimetières lorsque le corps d'un être aimé retourne à la terre. On a toujours froid dans les cimetières, même au cœur de l'été.

Avant mon père, et ce n'était pas dans l'ordre naturel des choses — mais qu'est-ce qui est naturel, que savons-nous des desseins du ciel ? —, il y eut Georges. Je l'avais emmené au marché et il était tombé en extase devant une superbe boîte de gouaches. Je n'avais pas résisté à une demande muette. Il ne disait rien, mais ses yeux parlaient. Il allait peindre en attendant l'heure de la piscine. Il plaisanta. Si les candidats au barbotage étaient trop nombreux, il peindrait au bord de la piscine, les pieds dans l'eau. Il faisait si chaud.

— Je ne prendrais pas beaucoup d'eau au bout du pinceau, juste pour le rincer et donner de la couleur à l'eau. T'imagines une piscine rouge, bleue, verte, jaune. Le maître nageur en fera des cauchemars !

Le cauchemar... Ce fut pour lui, Georges, pour moi qui l'avais confié à la jeune fille au pair, pour nous tous. Georges est parti le sourire aux lèvres. Le soleil dans les yeux. Que s'est-il passé cet après-midi-là ? Un malaise inexpliqué. Ce devait être une si belle journée. L'eau de la piscine est soudain devenue noire pour cet enfant de dix ans. Une vie volée, noyée au cœur de juillet. On ne se remet jamais de la mort d'un enfant. Souffrait-il d'une maladie cardiaque que nous n'avons pas décelée à temps ? On cherche toujours des explications à la mort. Il n'y en a pas, jamais. Et quand elle frappe avant l'heure, on se retourne souvent contre le Ciel ou un Dieu qui a laissé faire.

Et Christiane, ma cadette, qui aimait la vie pardessus tout. La vie a été bien injuste envers elle et a fait fi de sa passion pour se dérober un jour d'août, il y a trois ans. Christiane savait-elle ses jours comptés pour dire peu de temps avant sa mort :

— Je voudrais qu'on m'enterre à Marbache, là où vivent mes beaux-parents, parce que le cimetière de Marbache est bordé de mirabelliers.

Il fallut encore s'incliner devant Mireille, la benjamine de la famille, prisonnière à jamais d'un cercueil de tôles sur une route entre Macon et Chalon-sur-Saône, au retour d'une fête. La nuit, le brouillard et la fatigue n'ont pas permis au conducteur de voir un énorme camion en difficulté pour les mêmes raisons. Le choc fut effroyable. Six morts, six jeunes fauchés à la fleur de l'âge. La terre du Jura accueillit Mireille, là où elle avait décidé de vivre. Elle est à présent couchée près de son petit, trop frêle, trop différent pour ce monde de requins. Laetitia et Emmanuel, ses deux autres enfants, grandissent sans elle.

*

Une veste de laine saisie au hasard dans un placard pour se couvrir. Dérisoire protection contre cet étrange froid qui ne veut pas céder le terrain et me garde en des lieux de brumes habités de sanglots. J'ai froid, froid jusqu'au tréfonds de l'âme, mes pas font déjà crisser le gravier des allées trop silencieuses pour les vivants, trop mystérieuses pour les gisants.

Mon cœur se serre à m'étouffer. Je sais. J'ai le pressentiment que papa a déjà commencé le dernier voyage. Il ne reviendra pas et nous ne nous serons pas revus. Je voudrais arrêter le temps, le remonter. Il eût fallu dire non à ce reportage qui pouvait attendre. Les rédacteurs en chef sont toujours pressés. J'ai accepté de décaler mes vacances et les travaux de rénovation de la maison ont pris du retard. Mais pourquoi chercher des coupables ? Ne suis-je pas responsable ? Quelle est cette impatience chez moi ? Les travaux de rénovation de la maison ne pouvaient-ils attendre ?

Le froid me fait un manteau tandis que sur un lit d'hôpital mon père se trouve nu devant la vie, déjà recouvert de mort.

Dimanche 20 août

Michel n'est pas un fou du volant. Mais sans regarder le compteur de l'Opel Vectra, je sais qu'il est en infraction. Il roule vite, très vite. Sûr de lui. D'autant plus sûr, qu'à six heures du matin, il n'y a personne sur la route. Nous traversons Paris, longeons la voie sur berge. Un chemin bien connu de papa et maman chaque fois que nous les reconduisions à la gare de l'Est après leurs vacances parisiennes.

C'est toujours une fête pour eux de venir jusqu'à nous, car pendant ces quelques jours les festivités et les visites sont nombreuses. Depuis notre mariage, nous avons dû leur montrer et leur faire visiter tout ce qui est à voir à Paris. Ni papa, ni maman ne connaissaient la capitale. Comme beaucoup de petites gens, ils n'osaient même pas en rêver.

— Paris, c'est pas pour un manant comme moi, répétait mon père quand j'étais enfant.

Et moi, dans ma tête, les jours où je n'étais pas fâchée contre lui, je me disais : « Quand je serai riche, j'emmènerai mes parents à Paris. On ira voir la tour Eiffel — parce qu'elle appartient à la Lorraine. »

— C'est la sueur des métallos de Pompey qui en a poli de l'acier, ajoutait papa avec fierté.

À Notre-Dame, maman pensa à Victor Hugo. À Montmartre, ils admirèrent les peintres. Maman versa une petite larme en songeant au film *Moulin-Rouge* ou à Toulouse-Lautrec. Pour papa, Paris, c'était le rêve américain des Français des années cinquante.

Je songe à tout cela alors que nous passons devant la statue de la Liberté au pont de Grenelle. Un jour de promenade en bateau-mouche, papa s'exclama :

— Mais cette statue, normalement, elle est en Amérique... Qui l'a fauchée aux Ricains ?

J'ai dû lui expliquer que c'était une copie, un cadeau offert à la France par les États-Unis. Maman, qui savait, riait sous cape ou haussait les épaules devant l'ignorance de son mari. Papa avait toujours tout à apprendre. Ensuite, quand il avait assimilé et qu'il se retrouvait chez lui, il racontait avec fierté aux copains de l'usine tout ce que sa fille, son gendre, « ses » Parisiens, lui avaient fait découvrir.

*

Nous sommes silencieux Michel et moi, trop silencieux, parce que terriblement inquiets pour maman si dépendante de papa. Depuis son cancer, il s'est consacré à elle. Il a pris en charge la bonne marche de la maison. Bien sûr qu'il est souvent grognon, bougon, mais il est là, toujours prêt à satisfaire le moindre de ses désirs. Nerveux, un rien bourru, mon père cache ainsi sa tendresse sous une écorce rugueuse.

S'il ne revient pas de ce douloureux voyage, sa joie de vivre enfin dans une maison où il pouvait faire ce que bon lui semble n'aura pas duré bien longtemps. Depuis qu'il l'habite, il a retrouvé une sorte de jeunesse. Il le dit.

— J'ai vingt ans, trente ans de moins.

Une époque où il pouvait commencer sa journée par un tour de jardin pendant que le premier café passait. Une fleur qui s'ouvrait, une autre qui fanait, les prémices d'une maladie dans le coin potager, rien ne lui échappait.

Depuis quatorze mois il se sent en paradis et répète, à qui veut bien l'entendre, avec des yeux presque humides :

— Je suis heureux comme un coq en pâte.

Michel et moi avons acheté cette maison coquette, confortable, jadis habitée par les cadres d'une usine proche.

— C'est comme un rêve, disait papa depuis la terrasse dominant le jardin.

Les soirs des deux étés qu'il y a déjà passés, il aimait, simplement assis à côté de sa Jeanne, guetter la fraîcheur qui tardait à venir.

— On est heureux, disait-il en posant sa main sur la sienne. Tu crois que ça va durer ?

— Peut-être que le Bon Dieu nous donnera encore quelques années ?

Avant de rentrer se coucher, il faisait son petit tour, respirait le jardin, écoutait les grillons, plantait ses yeux à la cime du magnolia pour surprendre quelques oiseaux.

— À demain, murmurait-il.

Et ses nuits l'emmenaient sans doute au cœur de cette nature dont il ne pouvait se défaire, et dont il avait été privé si longtemps, le jour où il dut quitter son logement, son jardin pour aller vivre en HLM parce qu'on démolissait les petites cités pour agrandir le port de Frouard et élever l'un des plus importants silos de France.

*

C'est affreux de songer à papa au passé. Je tente de me ressaisir. Tout n'est peut-être pas perdu. Cependant, j'ai voulu savoir, comprendre. J'ai cherché dans les dictionnaires, téléphoné à des amis médecins. Une hémorragie cérébrale importante laissera forcément des séquelles... Papa, si orgueilleux, sera-t-il en mesure de les accepter, et maman pourra-t-elle faire face à une personne gravement handicapée ?

*

Maman est assise dans son fauteuil, collée à la fenêtre. Elle regarde sans voir l'incessant va-et-vient du trafic. De temps à autre, elle pleure. À qui lui rend visite, elle raconte le malaise au retour de l'hypermarché. L'appel lancé au médecin de famille, aux pompiers, puis au Samu, le transport à l'hôpital...

— Ils n'ont pas voulu que je l'accompagne, je les aurais gênés pour les soins.

Efficace, discrète et tonique à la fois, la présence de Joselyne lui fait du bien.

— Elle est arrivée tout de suite. Elle a tout lâché pour moi, dit maman.

Ma cousine vaque de la cuisine au séjour, de la buanderie au jardin, accueille les uns et les autres, sert café et jus de fruits.

*

Jusqu'à ce jour, je n'ai jamais eu l'occasion d'entrer dans une salle de soins intensifs. Il faut d'abord passer par la salle d'attente. Les familles sont ensuite appelées pour une visite qui durera dix minutes. Pas plus de deux personnes à la fois près de chaque lit. Dans cette salle d'attente, il règne un silence oppressant, chargé d'angoisse et de pleurs réprimés. Sagement assis, les uns et les autres semblent retenir leur respiration. Chacun est venu pour visiter un proche gravement atteint. Accidenté de la route avec lésions au cerveau, opéré de tumeur au cerveau, ou victime d'accident cérébral comme papa. C'est notre tour, une infirmière vient nous chercher maman et moi. Dans une petite pièce servant de sas, elle nous tend une blouse stérile que nous enfilons. Puis nous la suivons dans la salle de réanimation. Le choc !

Dans une pièce immense des lits sont disposés en arc de cercle de telle sorte que d'une cabine vitrée équipée d'écrans on puisse surveiller l'état de chaque patient relié à la vie par de nombreux tuyaux et capteurs de battements de cœur, de température, de pression sanguine. Près de chaque lit, de petits écrans où s'inscrivent des chiffres, se tracent des graphiques. On entend parfois des bip-bip selon qu'un seuil est atteint ou qu'une pause se prolonge. Papa, comme les autres patients, est allongé sur un lit immaculé. Il est branché de partout, nez, bouche, bras. Des fils partent de sa poitrine. De sa tête bandée émerge un fin tuyau, une D.E. (dérivation externe), disent les infirmières, pour permettre au sang de l'hémorragie tueuse de s'échapper. Papa a les yeux clos. Parfois, je note une paupière qui tressaille. Maman, qui ne le quitte pas du regard, me fait signe en s'essuyant les yeux. Elle pense qu'il ressent notre présence, qu'il va ouvrir les yeux, s'éveiller. Comme rien ne se produit, elle se résigne, s'interroge. En quel pays est-il ? Elle soupire avec tristesse. Lasse, elle pose ses yeux sur le corps allongé. Quand elle les lève à nouveau et fixe son visage avec l'espoir fou de le voir s'éveiller, c'est pour constater l'extrême pâleur de ses joues. Le même blanc que celui des draps du lit. À part une respiration sage et régulière, parce que forcée et contrôlée par les machines, rien n'est révélé de la nature de mon père.

C'est lui, lui, qu'un jour de rage secrète je voulais tuer quand je serais grande. J'avais sept ou huit ans et il était revenu ivre une fois de plus de chez grand-mère Mélie. « Je le tuerai quand j'aurai... dix-sept ans, il est trop méchant. » Il gît là, maintenu par des fils et des tuyaux. Lui, le fougueux, est vaincu, captif. Pour qui, pour quoi, en attente de quoi ? J'ai voulu le tuer quand j'étais enfant. Et maintenant qu'il est aux portes d'un pays inconnu, de la mort, je voudrais qu'il vive, qu'il parle, qu'il crie ! Mais non ! Ses mains sont posées sagement le long de son corps. Ça ne lui ressemble pas. On approche une chaise pour maman. Elle s'assoit en silence et glisse sa main dans celle de papa. Va-t-il tourner la tête, esquisser un sourire ? Rien. Il ne réagit pas. Les bib-bip continuent de se faire entendre. Impressionnantes toutes ces machines de vie et de mort confondues. Peu à peu j'apprendrai leur nom et à quoi elles servent.

Maman est restée en retrait à tenir la main gauche de papa. Je suis de l'autre côté et je m'approche au plus près du visage de mon père. Je pose une main sur son épaule droite, caresse ses joues et décide, tant pis si c'est ridicule, de parler.

— Bonjour, papa, j'ai finalement réussi à venir avec Michel. Tu nous donnes des émotions, mais tout le monde ici s'occupe de toi. Les infirmières sont très gentilles et, ce qui ne gâche rien — toi qui aimes les jolies filles —, plutôt mignonnes. La météo annonce encore du beau temps. Beau temps pour les vacanciers comme tu dis, mais pas pour les jardins qui ont soif. Ne t'inquiète pas, j'arroserai, Michel m'aidera... Bien sûr, à la fraîche comme tu dis. Il ne faut pas « saisir » les jeunes plantes. Pas de chaud et froid...

Mais qui suis-je pour croire que quelques paroles peuvent tout ? Le verbe s'est fait chair... Aujourd'hui cette chair presque inerte semble faire obstacle au souffle du verbe. Mais qui suis-je pour croire que mon verbiage est un souffle suffisamment fort et puissant pour animer cette chair qui se tend, se soulève et se pose sur des draps blancs parce que des machines la commandent ? Le verbe se tait. Caché dans les replis de l'âme, il s'est assoupi. Comment le réveiller, l'arracher à sa léthargie ? Je mesure les difficultés d'un dialogue à une voix. J'essaie d'imaginer les réponses de papa. Lui, qui, tant de fois, m'a agacée avec ses mille et une recommandations, me manque déjà. Je voudrais qu'il se dresse sur son lit, je voudrais l'entendre râler contre tout. Ce grand calme qui s'est installé dans ce corps immobile fait écran au combat que se livrent la vie et la mort sous le regard d'un Dieu qui n'est pas maître. Qui va gagner ? Qui sera le plus fort de la vie ou de la mort ? Mon père peut-être ? Ce ne serait pas la première fois qu'il narguerait cette « peau de vache de camarde ».

— Je l'ai eue, et bien eue... C'était pas pour cette fois-ci, avait-il déclaré à sa descente d'ambulance. Enfin, je crois qu'Elle m'a donné un coup de pouce, avait-il ajouté en entrant à la maison...

Il pointait le doigt sur la statue de la Vierge portant l'Enfant Jésus dans les bras. Statue de porcelaine blanche posée sur le petit bahut donné par sa mère et qui servait de rangement, pour moitié à mes livres de classes et pour l'autre à la laine et aux bobines de fil de maman. Mais les moitiés se mélangeaient souvent. Très désordonnée, maman avait pris le parti d'en rire et de dire : « Chez nous on trouve tout, sauf de l'ordre. »

Papa travaillait sur un pont roulant. Je devais avoir sept ou huit ans. Ce jour-là, il était à jeun, c'est-à-dire qu'il n'avait pas encore bu de vin. Un malaise, un instant d'inattention, on ne saura jamais. Il a perdu l'équilibre et est tombé dans le vide sous les yeux horrifiés des ouvriers qui posaient les attaches sur les tôles métalliques que son pont roulant devait transporter jusque sur un camion. Certaines tôles étaient posées à plat sur le sol. D'autres, debout, offraient au ciel le tranchant de leur extrémité. Pour les copains, on allait ramasser le Roger à la petite cuillère.

— Les miracles, c'est pas qu'à Lourdes, devait souvent dire papa par la suite.

Jusqu'à cet accident je l'avais toujours entendu dire qu'il n'y avait pas de Bon Dieu.

— S'il y'en avait un, ça se saurait, il ferait le ménage et la police sur terre.

Papa n'avait qu'une croyance à cette époque, une croyance superstitieuse, héritée de sa mère. Il croyait en la Vierge, une femme généreuse.

— Il n'y a qu'Elle pour comprendre un manant comme moi.

Il racontait son accident en se tenant le côté droit.

— Je me suis vu tomber et déjà mort. J'ai pensé à elle. « Sainte Marie, mère de Dieu, priez... » J'ai pas eu le temps de terminer, j'étais déjà par terre, ou plutôt debout, enfin accroupi, puis assis, sans force et tremblant. Les copains m'appelaient, Roger, Roger ! La trouille, je sais pas. Je pouvais pas répondre aussitôt. On me cherchait entre les paquets de tôles. Finalement, j'ai réussi à dire : « Eh les gars, je suis là ! » Cette chienne de camarde m'a loupé, pour cette fois.

*

Le chirurgien qui a opéré papa est de service et a proposé de nous rencontrer. Dans son bureau les radios de la tête de mon père sont accrochées de face, de derrière, profil droit, profil gauche. L'hémorragie a tout inondé, sauf un tout petit espace à la base du cerveau.

— L'opération s'est bien passée. Le scanner montre que l'anévrisme est fermé. L'hémorragie est arrêtée. Mais il y a beaucoup de sang à évacuer. Si votre père reprend conscience, comme je l'espère au cours des jours à venir, il a une petite chance, mais la rééducation sera longue, très longue. Quant aux séquelles, il est impossible de dire pour l'instant de quelle nature elles seront. Dans ce genre d'accident, il n'y a pas de schéma type qui peut servir de référence à la médecine.

Il faut donc apprendre à vivre au jour le jour.

Vivre au jour le jour... Cette pensée a le pouvoir de me ramener bien des années auparavant. Maman n'aimait pas compter, ne faisait aucun budget.

— Pour prévoir, faut avoir.

On vivait donc au jour le jour. Chez nous, les fins de quinzaine étaient particulièrement difficiles. Grand-mère Mélie devait souvent ouvrir son porte-monnaie.

— Encore une avance sur la paye. Mon pauvre gamin, il ne te restera rien, je suis sûre que t'es déjà allé aux acomptes. Et si tu viens me demander, c'est que ta paye est déjà croquée.

Papa se faisait tout petit. À l'expression de son regard, au signe d'impuissance qu'il traduisait, Mélie jubilait. Elle remettait ainsi dans son giron son *queulot*. Elle avait tant espéré qu'il serait son bâton de vieillesse.

— Quand donc ta femme apprendra-t-elle à compter, à dire non aux enfants qui la tannent pour des cochonneries de bonbons ou de jouets ? Sans parler des livres et des revues. Une femme qui lit est une femme qui ne fait rien de bon.

— C'est pas vrai, elle fait des choses !

Embarrassé comme un petit garçon pris en faute, Roger tortillait un coin de la toile cirée recouvrant la table de cuisine. Mélie exultait. Elle le tenait. Il bêcherait d'abord son jardin, préparerait ses semis de printemps. Jeanne attendrait pour ses fleurs. Elle, Mélie, serait servie la première.

— Et si je te disais que j'ai pas de sous aujourd'hui, hein, qu'est-ce que tu ferais ?

— C'est pour les gosses, mère... C'est pas la faute de Jeanne, le médecin est venu deux fois cette semaine. Il y en a toujours une de malade.

— Je sais, mais elle est pas raisonnable. Toujours à se faire de la bile pour rien, à appeler le médecin pour un oui, pour un non. Ta femme, Roger, elle sait peut-être mieux écrire et causer que nous, mais pour les comptes, c'est zéro. Que veux-tu, quand elle a deux mille francs, elle croit qu'elle n'en verra jamais la fin.

Le fils n'osait guère contredire sa mère tant qu'elle n'avait pas glissé un billet dans la poche du « bleu » de son nigaud de gamin qui lui avait échappé, en lui disant doucereusement :

— Tu viendras t'occuper de mes fleurs, samedi, je te ferai une tarte, comme avant...

Mélie était une garce de belle-mère qui n'aimait pas Jeanne. Et Jeanne le lui rendait bien. Elle la soupçonnait d'avoir entraîné ses fils à boire. Car mon oncle, comme mon père étaient portés sur la bouteille. Travailler l'acier, ça donne soif. C'est pas un verre de rouge qui fait du mal. Ça fouette le sang, ça donne des forces. Et puis, quand on travaille dur, on a bien droit à sa récompense. Du moment qu'on n'a pas d'ardoise au café.

Chez nous, au café, non. Mais à l'épicerie, si. Seule consolation, nous n'étions pas les seuls à « acheter au carnet », sauf que maman, étourdie et grande rêveuse, remettait toujours au lendemain pour régler ses dettes. Parfois, en revenant de l'école, l'épicière me guettait.

— Tu serais pas la fille du Roger, toi ? Faudrait dire à ta mère qu'elle m'oublie pas !

La honte devant les copines d'école ! Il nous fallait, mes sœurs et moi, déployer des trésors d'imagination, inventer des jeux qui consistaient à faire des détours pour éviter l'épicière qui guettait les sorties d'école depuis son comptoir. Nous nous croyions les seules dans cette situation. Longtemps après, au cours de conversations évoquant cette époque, nous avons découvert qu'environ une famille sur deux vivait la même chose et nous avons pu en rire. L'épicière finissait toujours par rentrer dans ses sous. Elle se montrait arrangeante sur les arriérés qu'on payait en plusieurs fois quand les allocations familiales arrivaient. Ce n'était qu'une question de jours. Des jours qui se répétaient au fil des mois.

Les allocations, disaient les voisines, c'étaient plus que du beurre dans les épinards. Pendant deux jours, c'était la fête à la maison. Viande, gâteaux, bonbons, pochettes-surprises de l'épicerie.

— La grosse, madame.

— Ah ! ta mère a dû toucher les allocs, disait l'épicière.

Dans le magasin, il y avait toujours une vieille femme grincheuse et jalouse pour dire :

— Maintenant, on fait des gosses pour les allocations familiales.

Grand-mère Mélie aussi le disait et faisait la morale à maman quand tout était dépensé en quelques jours.

— Les allocations familiales, il faut en mettre la moitié de côté, on ne sait jamais.

— Le mois prochain, répondait maman, le mois prochain, ça ira mieux.

Ça n'allait jamais mieux et maman se fichait éperdument de mettre de l'argent de côté.

— Je ne suis pas une femme d'argent, puisque je ne sais pas le garder. Je n'ai pas un coffre-fort à la place du cœur, moi.

— Mais vous avez la langue bien pendue.

— Seulement pour vous répondre, jamais pour médire. Sans vouloir vous flatter, la vôtre bat la mienne.

Pas contente la grand-mère. Vraiment pas contente !

*

Le sourire des infirmières qui replient nos blouses, leurs gestes prévenants tentent de dissiper les nuages qui obscurcissent les pensées de chacun.

— Vous pouvez revenir demain, et téléphoner quand vous en avez envie.

— Vous croyez qu'il s'en sortira ? hasarde maman pour dire quelque chose.

— C'est trop tôt encore, le médecin a dû vous le dire. Il faut attendre.

Je vois le visage de maman se fermer, sa tête rentrer dans ses épaules, elle est encore plus petite que d'habitude. Elle vient de prendre dix ans d'un coup.

*

— Je ne crois pas qu'on fêtera nos cinquante ans de mariage, lâche-t-elle alors que nous sommes presque arrivés à la maison.

Tout était prêt pour leurs noces d'or. Dans moins de deux mois famille et parenté devaient se retrouver dans un restaurant en forêt de Haye. Papa et maman rêvaient de ce jour après cinquante ans de vie commune parfois mouvementée, souvent chahutée mais qui avait fini par les réunir dans une sorte de tendresse complice. Eux qui s'étaient toujours disputés arrivaient à regarder la télévision assis côte à côte dans le canapé. Papa posait sa main gauche sur la main droite de maman. Elle ne la retirait pas, elle ne la retirait plus.

Papa aimait rappeler sa rencontre avec maman au bal de la Libération à Bouxières sur la route de Custines. Mai explosait de fleurs et de senteurs. Le fond de l'air était prometteur. Comme en toute ville et en tout village, les flonflons du bal étaient une invitation à la fête. D'une fenêtre à une autre les guirlandes s'accrochaient, les drapeaux bleu-blanc-rouge surgissaient. On aurait peint les marronniers en fleur aux couleurs de la France si la chose avait été possible.

Tout disait la joie de la Victoire et de la liberté retrouvée. Les jours qui s'annonçaient seraient forcément meilleurs. L'heure était à l'insouciance et au rêve, à l'amour aussi.

Comment avait-elle fait, Jeanne, pour être aussi jolie en ce soir de mai ? Roger n'avait vu que cette petite brunette au milieu d'un groupe de jeunes gens de Bouxières. Il connaissait Jeannot, Pierrot, qui faisaient partie du groupe, Paulette aussi, mais la petite mignonne dans sa robe fleurie, qui était-elle ? D'où venait-elle ? Ses yeux lançaient mille étincelles. Des lèvres gourmandes, quoique pas trop. Du coup, Roger se regarda des pieds à la tête. Allait-il avec elle ? « Je vais avoir l'air d'un manant », songea-t-il.

Il inspecta sa chemise, le pli de son pantalon donné par un de ses frères et qu'une de ses sœurs avait remis à sa taille. Il était fier de son ceinturon, cadeau de sa marraine. Il se redressa, se força à sourire, il fallait s'approcher, observer, entendre pour apprendre. Jeannot ou Pierrot finiraient par le remarquer et l'inviter à se joindre au groupe. Mon Dieu qu'elle riait avec charme, sa petite brunette ! Elle était déjà la sienne. Et quand elle parlait, quel délicieux petit accent ! Non pas comme en Allemagne, à Kaiserslautern, où le S.T.O. l'avait envoyé et d'où il avait pu s'échapper en forçant un peu la maladie à venir. Non, non, l'accent de la petite brunette lui rappelait celui des gens de la Moselle. Il lui arrivait d'aller jusqu'à Metz à vélo en compagnie de Jeannot, Pierrot et Dédé, surtout avant la guerre. La guerre était finie, mais Roger ne savait pas s'il y retournerait. Aurait-il encore la même ardeur pour appuyer sur les pédales maintenant que

Dédé n'était plus des leurs ? Pauvre Dédé absent de cette fête et qui ne saurait jamais l'issue de la guerre ! On inscrirait sans doute son nom à la suite d'autres sur la pierre du monument aux morts. *André Brunel, 1922-1944, mort pour la France.* Roger frissonna en pensant à lui qui s'était fait pincer par une patrouille au fort de Frouard. Dédé avait eu beau jurer ses grands dieux qu'il ne savait rien, n'était pas résistant, se promenait là par hasard, on ne l'avait pas cru. Et pour cause, Riri, arrêté deux jours auparavant sur dénonciation, épuisé par les coups et les séances de torture, avait fini par lâcher des noms. Mais cela, Dédé ne le savait pas. Le garde-champêtre était venu prévenir la famille.

— Votre Dédé, Lolotte, l'est tombé à la Malpierre, comme d'autres avant lui. Pleurez pas, va, c'est un héros... Les Américains sont pas loin, on finira par être vengés, on les aura les Frisés !

En attendant Dédé était absent, et Riri aussi. Il erra, hébété, perdu. Incapable de surmonter la honte d'avoir parlé, il écrivit aux parents de Dédé, leur demanda pardon avant d'aller se jeter dans le canal, avec une pierre au cou pour être sûr de ne pas remonter à la surface.

Avec son accent, la petite brunette était peut-être de Metz ou de l'autre côté des Vosges ? Une Alsacienne ? Roger avait le cœur qui bondissait sous sa chemise. Si c'était ça le coup de foudre, il venait de l'attraper. Il en perdait la tête, risquait d'oublier les lapins à soigner et les poules à rentrer dans le poulailler ! Mélie ne serait pas contente. Tant pis. Il sentait son sang bouillonner dans ses veines. Une sensation étrange et merveilleuse, comme une invitation à emprunter un chemin conduisant au bonheur.

Il y eut cette farandole un peu folle. Le petit gris de Toul faisait tourner les têtes. Est-ce le hasard qui mit soudain la main de la petite brunette dans la sienne à la faveur d'un changement de cavalière ? Il ne se souvenait même pas être entré dans la farandole. Mon Dieu, comme il était ému ! Et Jojo, l'animateur de l'orchestre avec son micro de chanteur à la Tino Rossi, qui lança soudain :

— Et maintenant, messieurs, c'est le moment, le grand moment, celui des cœurs battants : embrassez vos cavalières ! Youpee, y'a d'la joie, bonjour, bonjour les hirondelles... y'a d'la joie, par-dessus les toits...

Saisi, Roger fut saisi. Elle attendait devant lui, toute sage dans sa robe fleurie, toute sage les mains derrière le dos. Et lui, Roger, pétrifié, n'osait pas se baisser vers elle. Jeannot avait-il perçu le trouble de Roger ? Il les bouscula en soufflant dans l'oreille de la jeune fille.

— Fais la bise à Roger, Jeannette, sinon il n'osera pas, il est déjà tourneboulé.

Le rouge lui montait aux joues. Une confusion extrême s'empara d'elle. Elle se rassura : presque aussitôt les lumières s'étaient éteintes pour favoriser les bisous du bal. Le jeune homme ne verrait pas son trouble.

Thérèse, Micheline la taquinaient.

— Ben ça y est, il a le béguin pour toi !

— Il est plutôt pas mal. Il a de ces yeux bleus !

Jeanne ne voyait rien, il faisait trop sombre. Mais Micheline connaissait Roger, le dernier d'une famille de onze enfants déjà tous mariés. Il vivait encore chez Mélie, sa mère, veuve depuis bien longtemps. Le garçon était sérieux, travailleur, honnête. Micheline en brossait un portrait élogieux.

— Prends-le-toi, s'il te plaît tant, lança Jeanne à Micheline.

— Moi ? Non. Je ne suis pas du tout son genre. Il m'ignore. Et puis je n'ai pas envie de me fixer, pas encore, je veux m'a-mu-ser.

Ils eurent l'occasion de se revoir l'un ou l'autre dimanche à Champigneulles et aux feux de la Saint-Jean à Bouxières. Roger provoquait les rencontres. Le hasard, qui faisait bien les choses, céda la place à une gentille habitude qui s'installait doucement. Ils allaient se promener tantôt à Lay-Saint-Christophe, tantôt route de Bellefontaine. Là, Roger pouvait lui parler de la nature, des arbres, des fleurs. Il était intarissable. Elle écoutait d'une oreille distraite, riait. Lui, il aimait son rire. Roger parvint à l'inviter au cinéma. Il espérait que la salle obscure favoriserait quelques approches. Il voulait lui dire qu'elle lui plaisait, qu'elle était belle, que son parfum frais comme un printemps — elle devait se mettre de l'eau de Cologne — lui faisait penser aux fleurs de son jardin, mais il n'osait pas. Tout se bousculait dans sa tête. Quand il essayait de lui prendre la main. Elle ne se dérobait pas, c'était déjà cela. Ils firent connaissance. Jeanne n'était pas de Metz, elle venait de plus loin. Elle avait encore de la famille près de Strasbourg. Ses grands-parents maternels étaient cultivateurs. Elle avait grandi chez eux jusqu'à son adolescence, en même temps que Marguerite sa cousine. Aloïs, le père de Marguerite, coiffait à domicile les soirs après les travaux des champs et tout le village se retrouvait autour de l'immense poêle en faïence. On échangeait les nouvelles en attendant son tour. À la mort de l'oncle Aloïs, Jeanne avait eu du chagrin. Elle l'aimait comme un père. Et surtout, elle pressentait qu'une page de sa vie venait de se tourner. Il faudrait quitter l'Alsace, rejoindre ses parents installés à l'Intérieur. Lise, sa mère, avait épousé Albert, un cheminot originaire du Haut-Rhin. Le couple avait beaucoup voyagé jusqu'à la dernière affectation d'Albert à la gare de triage de Champigneulles, près des Grandes Brasseries. Mais il habitait en bas de la colline de Bouxières, un peu plus loin que la fabrique des jouets sur les bords de la Meurthe, quand il rentrait chez lui. Albert avait la passion du jeu et peut-être quelque passion secrète au point d'oublier sa famille.

Roger et Jeanne étaient donc presque voisins, puisque Roger, comme toute sa famille, habitait dans les cités ayant appartenu aux Forges et Laminoirs de Champigneulles, route de Bouxières. La Meurthe les séparait. On passait encore sur le pont de bois pour rejoindre Bouxières.

— À vol d'oiseau, c'est rien, deux kilomètres. C'est un signe, hasarda Roger.

Ce fut sans doute le plus bel été de Roger. Chaque soir, quand il rentrait chez sa mère, il parlait de Jeanne.

— Tu vas quand même pas la marier, grondait Mélie. Il y a assez de filles ici qui vont rester seules puisque la guerre a pris tant de nos hommes.

— Mère, les autres filles ne me plaisent pas. Jeanne n'est pas comme les autres.

— Justement ! J'aimerais mieux qu'elle soit comme tout le monde. Je sais déjà qu'elle va à l'église tous les dimanches. C'est bon pour ceux de « La haute » qui ont leur nom marqué sur un banc. Nous, à l'église, on y met les pieds quatre fois dans notre vie. Baptême, communion, mariage. Rien que pour faire bombance. Et puis pour l'enterrement, parce qu'on n'est pas des chiens pour aller au trou sans musique et sans parole.

Elle ne croyait pas, disait-elle encore, à la parlotte des curés, mais elle respectait la sœur infirmière et la Sainte Vierge. C'était le credo de Mélie. Je l'ai souvent entendu au cours de mon enfance.

*

La nouvelle de l'hospitalisation de papa s'est répandue à Frouard, comme à Champigneulles et dans les environs. Le téléphone n'arrête pas de sonner. Maman n'en finit d'évoquer le malaise fatal, la ratatouille qu'elle avait préparée, les mirabelles qu'il venait d'acheter.

— Il est tombé, comme ça, d'un coup. Le temps que les pompiers, puis le Samu arrivent, j'ai vu cinquante ans de notre vie défiler...

Janine, infirmière à l'hôpital de Metz, est venue.

Pendant que nous préparons le repas, elle me confie ses inquiétudes. Papa a peu de chances de s'en tirer ou alors avec des séquelles telles que maman ne pourra pas s'occuper de lui.

— S'il pouvait rester en vie, supplie maman dans ses prières, rien qu'une présence... Si le Bon Dieu pouvait me le laisser encore un peu. C'est maintenant que tout allait bien.

*

Les mains plongées dans le bac à vaisselle devant la fenêtre, je pose mon regard sur la colline de Bouxières, par-dessus les sapins du jardin. Combien de fois y suis-je allée, petite fille ? J'en connais chaque rue, chaque sente. Mes grands-parents maternels y vivaient. Leur mort rapprochée ne changea rien par la suite. Bouxières demeura le lieu de promenade pour maman qui se rendait au cimetière. Mais, je n'ai pas le souvenir d'une mère particulièrement triste. Elle disait assez joyeusement : « Si le temps se maintient, cet après-midi on ira au cimetière. Il y a des fleurs dans le jardin. »

Nous l'accompagnions, mes sœurs assises dans la poussette, et moi, trottant à côté et serrant contre mon cœur le bouquet de fleurs du jardin que je déposerais sur la tombe. Maman ne me disait jamais que cette tombe était celle de mes grands-parents. Je savais seulement qu'elle était la maison des morts de la famille — mais de laquelle ? —, qu'ils y dormaient en attendant d'aller au ciel et qu'il ne fallait pas faire de bruit, pas poser de questions, ni courir dans les allées du cimetière — ce que j'avais naturellement envie de faire — pour les laisser en paix. Était-ce par affection, affliction que maman s'obligeait à pèleriner jusque sur les hauteurs de Bouxières ?

Ces pèlerinages étaient surtout pour elle l'occasion de rencontrer l'une ou l'autre connaissance qui lui permettait d'évoquer sa jeunesse, le temps de l'insouciance.

Mariée, maman ne fut pas vraiment heureuse. Elle ne s'était jamais sentie accueillie par sa belle-mère qui faisait, disait maman, la pluie et le beau temps sur le reste de la famille. Du moins, c'est ce qu'elle pensait aux jours les plus sombres de sa vie. Quand je la voyais ainsi, j'avais l'envie de la protéger. Je ne supportais pas de la voir tendue parce que papa allait nous revenir excité par l'alcool et par les propos aigre-doux de sa mère. Je me sentais tous les pouvoirs. J'avais envie de faire la morale à papa. Mais j'étais encore trop petite. Il me tardait d'être grande pour lui dire qu'il n'avait pas le droit d'être méchant. Tous les papas ne sont pas saouls tous les jours. Grande, je pourrais le menacer d'aller tout dire aux gendarmes. Alors là, il aurait peur, il s'arrêterait. Forcément. J'avais bien remarqué, qu'en colère, maman criait : « Cette fois, je fais venir les flics, ils vont te coffrer et j'aurai la paix. »

Papa s'arrêtait net, ne disait plus rien. Il s'asseyait la tête entre les mains. Revoyait-il sa petite brunette un soir de bal ? Celle désirée entre toutes. Il voulait se marier avec elle.

— Vous et moi, on pourrait peut-être avoir des petits, se marier ?

Il murmurait à son oreille en tentant de la serrer d'un peu plus près le long de la route conduisant à Lay-Saint-Christophe en passant par le Moulin noir. Il y avait des moutons dans les prés. L'attendrissant spectacle d'un agneau tétant goulûment sa mère lui donnait l'audace de se déclarer.

Jeanne comprit. La cage était devant elle, grande ouverte. En attente. Or, elle n'avait pas envie d'y entrer, même dans les bras de Roger. Elle voulait bien se promener avec lui, s'afficher avec un garçon plutôt agréable et bien fait pour être comme toutes les filles de Bouxières et oublier son complexe d'Alsacienne en terre étrangère. Les Lorrains francophones voyaient souvent d'un œil soupçonneux ces Alsaciens dans les veines desquels devait couler un peu de sang allemand. La plupart des amies de Jeanne s'étaient mariées ou sur le point de l'être. Elle entendait les mères soupirer d'aise :

— Juliette est casée.

— Ginette, c'est presque fait.

— Et Nénette, on l'aurait pas dit, vous avez vu comme elle a changé depuis que Marcel lui tourne autour !

Pour les femmes, au sortir de la guerre, hors mariage, point de salut. Maman était différente. Elle avait des rêves plein la tête où le mariage ne tenait pas forcément la première place. Elle aurait aimé s'occuper d'enfants. J'étais déjà mère quand elle m'en fit la confidence. Mais à qui le dire ? Qui l'aurait écoutée ? Elle avait vingt-trois ans lorsque papa lui fit la cour. Sa mère la pressait.

— À force de faire la difficile tu resteras fille et on causera sur toi.

Alors, si le mariage s'offrait à elle, il faudrait dire oui ? Pourvu que le candidat lui permette de revoir Nordhouse, son village en Alsace ! Marguerite, sa cousine, sa sœur, venait d'épouser Marcel. Un petit Jean-Pierre s'annonçait et elle habitait la maison de Nordhouse. Il n'y avait donc plus de place pour Jeanne dans la maison de famille. Jamais elle ne pourrait y tenir le rôle qui fut celui de sa grand-mère : être l'âme d'une demeure où chacun, chacune pouvait venir s'asseoir, cueillir un peu de chaleur et d'amitié. Trouverait-elle en Lorraine un mari qui lui permettrait de lire, d'échanger des impressions ?

À force de faire la difficile tu resteras fille !

Jeanne entendait Lise, sa mère, le lui dire et ses amies le lui répéter.

Fallait-il, en désespoir de cause, accepter de devenir la femme d'un ouvrier qui lui collerait un tas de marmots dont il faudrait laver les langes au lavoir ? Non, vraiment pas. Elle ne voulait pas d'une vie au rabais.

Roger tentait de l'attirer plus de près de lui. Sa peau était douce et chaude.

— Vous n'aimeriez pas qu'on se marie par exemple ?

— Je n'y pensais pas.

— Je suis sérieux, Jeanne. Pourquoi est-ce que je me promène avec vous ? Vous m'avez plu au premier regard.

— On se connaît à peine.

— On a le temps de s'y préparer. C'est le début de l'été.

— Vous savez, Roger, j'ai peur d'être une mauvaise épouse et de vous rendre très malheureux.

— Être malheureux pour moi, c'est de ne plus être avec vous.

— Au mois d'août nous serons séparés. Je vais partir avec mes patrons en vacances dans les Vosges. Ils disent que leurs filles sont très attachées à moi. J'ai promis de les suivre avant de vous connaître.

Il baissait la tête, embarrassé.

— Vous allez me manquer, j'aurai le temps long. Mais vous m'écrirez ? Vous me donnerez votre réponse après. Peut-être que ce sera oui et qu'on passera l'hiver sous le même toit ?

Il disait : *vous* m'écrirez, parce qu'il savait que *lui* ne pourrait pas lui écrire sans l'aide de quelqu'un.

— Si elle lit mon charabia, songea-t-il, elle ne voudra pas de moi. Jeannot lui avait dit que Jeanne était une jeune fille intelligente, qui parlait couramment le français et l'allemand. Et douée pour régler certains litiges.

— Elle arrange toutes nos embrouilles avec l'administration, les juges, ou les notaires et elle ne répète rien.

Roger n'oserait jamais lui écrire, lui qui était tout juste capable de recopier des phrases. Il s'appliquait, l'écriture était régulière, parfaitement formée. Une jolie calligraphie. Une œuvre d'art qui lui donnait bien du contentement comme lorsqu'il dessinait.

Et, soudain, son cœur fit un bond.

— Je devrais lui montrer mes dessins, et aussi mon jardin, se dit-il.

Cette pensée le submergea et l'inonda d'un délicieux frisson. Jeanne le regarderait peut-être éblouie, lui ferait compliment.

Elle n'en était pas là Jeanne. Encore sous le choc d'une telle demande, au lieu de se réjouir, d'être émue, elle s'inquiéta.

— Le mariage ! Il fallait bien que ça m'arrive, pensa-t-elle.

Elle aurait dû réfléchir. On ne multiplie pas les sorties avec un beau garçon pour regarder les prés, la forêt, et le soleil se coucher par-dessus.

Elle calcula Jeanne, l'été, l'automne. Il lui restait presque trois mois. D'ici là, Roger se serait lassé. En attendant, tous deux pouvaient encore profiter des beaux jours. Cet été-là, le premier depuis la guerre, avait un goût de merveilleux. Jamais les cerises n'avaient été aussi sucrées. Jamais les mirabelliers n'avaient été autant chargés de fruits.

Roger s'enhardissait de jour en jour et sa mère ne le reconnaissait plus. Il frappa à la porte de ses sœurs et belles-sœurs pour parler de Jeanne qui débordait de son cœur. Il dit ses inquiétudes. Il n'arrivait pas à la décider. Elle était craintive.

— Présente-la-nous. Va l'attendre au train à Champigneulles et propose de la raccompagner à Bouxières. Tu seras obligé de passer devant chez nous. On pourra prendre le café, et on causera.

Yvonne comprenait tout, à demi-mots. Henriette tint à peu près le même discours. Mélie ne fut pas sourde, elle observerait la donzelle. Après, elle dirait.

Lundi 21 août

Nous reprenons le chemin de l'hôpital Saint-Julien. Le ciel s'est chargé de lourds nuages orageux. Comment ne pas évoquer papa qui avait toujours le nez levé au ciel pour humer l'air, chercher d'où venait le vent ?

— Ça tourne trop pour tomber. Ces nuages-là ne seront pas encore pour nous.

Dans la salle d'attente, les mêmes personnes que la veille. Le même silence, la même tension. La chaleur doit être suffocante à l'extérieur, car le manque d'air se ressent jusque dans cette pièce où les seuls bruits entendus sont ceux des respirations retenues ou d'un froissement de tissu, quand l'un ou l'autre croise ou décroise ses jambes. Maman s'agite, cherche un mouchoir dans son sac. Se moucher, pour refouler les larmes. Son geste autorise celui d'une très jeune femme assise à côté d'un homme, sans doute son père. Un quart d'heure plus tard, nous les apercevons autour du lit voisin de celui de papa. Une femme à la mi-temps de sa vie y est étendue.

— Même pas cinquante ans, dit son mari. On venait de manger un délicieux Saint-Epvre, elle les fait comme personne. Elle voulait me repasser mes chemises pour la semaine à venir. Elle a seulement dit : « Je vais me coucher Daniel, j'ai une de ces migraines. » Ça m'a fait drôle, elle n'est jamais malade. Elle est devenue toute blanche et est tombée. Rupture d'anévrisme, ont dit les toubibs du Samu. Et la voilà couchée, malgré elle.

Cet homme, au visage transpirant de bonté, veut rassurer sa fille.

— Elle va s'éveiller. Tu vois, c'est moins grave que le monsieur d'à côté puisqu'on n'a pas eu besoin de l'opérer. Et puis, elle a sa jeunesse, sa force pour elle.

Je n'ose pas détromper cet homme émouvant de confiance et d'amour paternel. La fille ne quitte pas des yeux le visage de sa mère. Une femme encore belle. Les traits du visage sont réguliers. Une infirmière leur explique à quoi servent les appareils dont elle est entourée. Elle leur dit doucement l'inquiétude des médecins. La respiration est difficile et fatigue son cœur. Essaie-t-elle de les prévenir peu à peu d'une fin imminente ?

— Elle qui ne voulait jamais se reposer, murmure cet homme. En trente ans de mariage, sauf pour la naissance des enfants, je n'ai jamais vu ma femme au lit dans la journée. Jamais malade, toujours le cœur à l'ouvrage.

— Trop, papa, elle en a peut-être trop fait.

Comme mon père, levé avant le jour pour ne rien manquer de la vie. Il avait fait sien le proverbe : *Le monde appartient aux lève-tôt.* Se lever tôt, était, pour lui, faire preuve de courage. Une vertu qu'il plaçait haut dans sa hiérarchie des valeurs.

— Un gars courageux s'en tire toujours. S'il ne rechigne pas à la tâche — y'a pas de sot métier —, il ne crèvera pas de faim.

Il était d'ailleurs fort sévère et mettait sur les plateaux d'une même balance le travail et la nourriture. Il fallait mériter son assiette pleine.

— Habile à manger, habile à travailler.

Je n'ai jamais entrepris un travail difficile sans songer à papa, à ses mains de travailleur, au plus bel outil de l'homme, disait-il avec une sorte de fierté dont il espérait qu'elle compenserait ses lacunes intellectuelles.

— J'ai pas eu le temps d'apprendre. Ma mère m'a retiré de l'école avant l'âge. De toute façon, elle voulait pas m'acheter les nouveaux livres que le maître d'école demandait. Elle comprenait pas pourquoi on en changeait puisqu'ils avaient été bons pour ses autres enfants. Des livres même pas abîmés.

Soigneuse, Mélie les avait toujours couverts et recollés si nécessaire.

— Du moment que toutes les pages y sont, disait-elle à son fils. T'apprendras aussi bien que tes frères et sœurs.

Mon père se débrouilla, mais sans jamais contredire sa mère.

— Les parents, faut les respecter, les honorer.

Mélie menait son monde par le bout du nez. Elle ne craignait personne, pas même Lucien, son mari, qui piquait pourtant, aux dires des uns et des autres, des colères noires en menaçant de passer tout par la fenêtre si quelqu'un osait élever la voix. Mélie, sa cadette de douze ans, se campait devant lui, les mains sur les hanches, avec une certaine arrogance qui faisait pâlir ses yeux clairs qu'on eût dit deux gouttelettes d'eau pure.

— Eh bien vas-y mon bonhomme, passe donc la Maison par la fenêtre (le nom de jeune fille de Mélie c'était « Maison ») et tu seras sans toit (ou toi).

— Les pisseuses, tonnait Lucien de sa grosse voix, on devrait leur couper la langue à la naissance, quant à toi, disait-il à son fils, inquiet de ne pas avoir, dans sa musette de toile, les livres demandés par le maître, du moment que tu sais compter les vaches du Vincent dans le pré les jeudis où tu les gardes, tu sauras recompter ta paye. Tâche quand même de savoir lire le journal et les annonces devant la mairie. En cas de guerre, faut savoir si t'es ou non mobilisé. Le reste, les études, c'est pas pour nous, c'est pour les holpettes.

— Mon intelligence à moi, ajoutait mon père en regardant ses mains, est pas montée jusque dans ma tête comme toi qui vas à l'école tous les jours. Mon intelligence est restée dans mes deux mains. Et si la tâche les salit, je les lave. Voilà tout.

Il montrait ses mains d'une très grande propreté, soignées, même après les travaux les plus rudes.

— Et ces deux-là, reprenait-il, tu peux m'en croire, sont pas feignantes. Je suis pas né du côté des riches, mais tant que je vivrai, mes gosses manqueront de rien.

Aujourd'hui encore avant d'aborder une tâche difficile, je pense à lui, aux mots vaillance, courage, devoir qu'il aimait prononcer. Il fallait faire sans se poser de question. La récompense viendrait, après, forcément.

— On n'a rien sans effort, tout se mérite. Sinon c'est pas la peine de te coucher. T'arriveras pas à dormir. Et au matin quand tu te regarderas dans la glace, tu te reconnaîtras pas.

Allongé dans ce lit toujours impeccablement fait, il gît les yeux clos. La poche qui recueille le sang de l'hémorragie est très rouge. L'infirmière surprend mon regard.

— L'hémorragie a été très importante, me glisse-t-elle à l'oreille.

— Ce n'est pas très bon signe ?

Elle secoue la tête, soulève les épaules avec un air perplexe que je lis à la commissure de ses lèvres. Elle ne sait pas. Les premiers signes d'éveil devraient apparaître à partir de mercredi. Elle me fait signe de la suivre au pied du lit pendant que maman, assise de l'autre côté, a pris la main de papa, comme chaque jour.

— S'il s'en sort, il restera très handicapé. Préparez doucement votre maman. J'ai vu que vous parliez à votre père, c'est bien. C'est bon pour lui.

Je n'ajoute rien et la remercie d'un sourire. L'accompagnement des malades, le coma, sont autant de sujets qu'il m'est arrivé de traiter dans mon métier de journaliste. Malgré mon petit savoir, je me sens aussi démunie qu'une néophyte. J'aurais besoin d'être rassurée, consolée même. C'est l'inverse qui se produit. Je suis la grande pour toute la famille, une fausse aînée puisque Marie-Thérèse est morte. Elle était si belle, s'asseyait seule à six mois et balbutiait des *papapapapa* en veux-tu, en voilà. Ce fut le soleil de toute la famille. Mélie me l'a assez répété.

Je suis donc la grande, pour maman qui pose douloureusement ses yeux sur moi, pour papa s'il a une petite chance de s'en sortir. La grande, j'ai aussi dû l'être pour les enfants qui sont nés après moi, Christiane et Marie-Lise, et tous ceux accueillis par mes parents, Janine, Claude, Georges, Geneviève, Mireille.

La grande... Si papa ne s'en sort pas, qui veillera sur maman ? J'entends papa, un jour qu'il cueillait les fraises pendant que j'étendais le linge dans le jardin.

— J'ai même pas besoin de te demander, s'il m'arrivait quelque chose, tu prendrais soin de ta mère. Je dis ça comme ça. Pour l'instant, je vais bien, surtout depuis que nous sommes ici, dans cette maison et ce jardin. C'est presque le paradis. Mais j'ai toujours un peu peur pour elle. Elle ne veut plus sortir. Avant, je l'emmenais à Nancy. On prenait le bus, on faisait les magasins et on s'offrait un petit goûter ou un repas au Flunch ou au Grand Café. Maintenant, elle ne veut plus marcher, sauf si quelqu'un nous emmène en voiture.

*

Quand je parle à papa, allongé dans son lit-cellule, je pose une main sur son épaule, je caresse ses joues, et je m'efforce d'adopter un ton très naturel, celui de la vie. Mais l'épreuve, le lieu, l'atmosphère ouatée, les visages anxieux que l'on croise entament le dynamisme et la fougue dont je puis être capable. Comment trouver la bonne parole, celle qui va être la plus proche des habituelles préoccupations de papa ? Comment atteindre ce sommeil, cette vie suspendue avec un soupçon d'humour, une trace de rire qui pourraient être un fil plus fort que ceux installés par le corps médical pour le ramener à nous ? J'imagine qu'il doit pester de se voir sanglé sur un lit, et je lui dis que je le comprends très bien, qu'à sa place je réagirais comme lui. Surtout aujourd'hui, où des barrières ont été mises de chaque côté du lit, au cas où un réveil agité surviendrait.

— Elles t'ont deviné les infirmières, mon petit papa, tu dois te reposer pour nous revenir en super forme. On a besoin de toi. Pour l'instant, j'ai pu prolonger mes vacances d'une semaine. Mais je vais devoir repartir deux ou trois jours pour aider Matthieu dans la relecture de ses deux mémoires pour son DEA. Mais non, ce n'est pas une drôle d'idée de s'occuper de la société des singes. C'est un vrai travail d'observation, d'analyse... Des heures au zoo de Vincennes et au jardin d'acclimatation pendant de longs mois. Michel est même allé faire des photos au téléobjectif pour illustrer le fruit de ses recherches.

Je lui donne quelques nouvelles du jardin. Nous avons cueilli les haricots verts. Ils étaient exquis. Je complimente mon père et le rassure aussi. Oui, bientôt il faudra s'occuper des fraises, enlever les rejets trop nombreux qui épuisent les plants.

— Quand je reviendrai, tu seras sûrement éveillé et tu me raconteras.

Pourquoi dis-je tout cela ? Est-ce que j'y crois vraiment ? Ces mots ont surtout le pouvoir de rassurer maman. Elle me regarde douloureusement, me fait signe. Elle a envie de partir. Elle se sent perdue, inutile à côté de ce lit à tenir la main d'un homme dont elle dit :

— Hier, j'ai bien senti qu'il avait réagi à ma pression de mains. Aujourd'hui, sa main est tiède, mais inerte.

Mercredi 23 août

Le médecin de famille est passé juste avant la fin du repas. Il rentre de vacances. Sa remplaçante l'a mis au courant. Il a téléphoné à l'hôpital. Il prend les mains de maman dans les siennes, se tait un instant avant de lui dire doucement :

— C'est grave, vous savez.

— Il faut me dire la vérité, docteur.

— Je ne vous ai jamais menti. Le médecin qui l'a opéré est très inquiet car Roger ne donne aucun signe d'éveil.

— Il va mourir ?

— S'il s'en remet, s'il sort du coma, vous ne pourrez pas vous en occuper, il restera très atteint. Il faut vous préparer à vivre sans lui.

Elle ne dit rien, ne crie pas. Elle mord ses lèvres et tourne la tête pour que personne ne voie les larmes qui coulent malgré elle.

Il s'inquiète pour elle, me le dit alors que je le raccompagne.

— Votre père a très peu de chances de s'en sortir, malgré sa bonne constitution. Entourez votre maman, elle est sous le choc. Insistez pour qu'elle prenne ce que je lui ai prescrit, au moins le soir, ainsi elle pourra dormir. Pendant la journée essayez de lui occuper l'esprit, de la divertir. Bon courage.

*

Elle répète comme un leitmotiv.

— Je suis sans force... Je n'ai goût à rien, je vis suspendue dans l'attente d'un coup de sonnette, d'un appel téléphonique. La nuit, je revis tout.

Elle parle d'eux, de lui, d'elle... de lui encore.

— Il doit être si malheureux d'être à l'hôpital, seul sans pouvoir bouger.

Cette évocation de l'hôpital me plonge dans un souvenir d'enfance à une époque bien difficile pour notre famille.

En pleine dépression, maman se plaignait de maux de ventre, mais sans consulter le médecin, alors que pour ses enfants, elle n'hésitait jamais à appeler le médecin, même quand elle n'avait pas l'argent pour la visite.

— Docteur, on est un peu gênés en ce moment.

Le médecin ne disait rien. Il sortait de la poche intérieure de sa veste un calepin qui fermait avec un élastique et, très cérémonieusement, il notait d'une petite écriture serrée le nom de la famille visitée et la date. Il remplissait alors la feuille de Sécurité sociale, la tendait à papa avec un petit air entendu.

— Quand vous serez remboursé.

Je regardais faire le médecin et observais papa fort impressionné par lui. Longtemps après, j'ai compris pourquoi papa notait avec une application zélée ses heures supplémentaires sur un calepin à élastique, c'était le même que celui du docteur, sa référence de notable.

Ce jeudi-là, je n'allai pas au lycée. Maman souffrait davantage. Et il fallait s'occuper des petites sœurs. Je pris une grande décision. Papa râlerait sans doute, plus par peur de la maladie que par réel désir de ne pas vouloir soigner sa femme qu'il traitait de douillette. Je traversai la rue pour aller chez Louisette, la petite-fille du maire. C'était toujours sa mère qui appelait le docteur pour la plupart des ouvriers des cités. Sans doute était-ce un moyen pour le grand-père de Louisette de fidéliser ses électeurs ? J'expliquai mes inquiétudes : maman vomissait beaucoup et ne pouvait pas se lever.

Peu avant midi, la belle 203 blanche du médecin qui nous faisait rêver s'arrêtait devant notre porte. Papa n'allait pas tardait à revenir de l'usine comme chaque jour à midi pour le dîner — chez nous, comme chez les gens simples, on dînait à midi et on soupait vers dix-neuf heures. Il semble me souvenir de la grimace du médecin après l'auscultation. En rédigeant l'ordonnance, il dit qu'il aurait fallu l'appeler plus tôt, qu'à son avis maman avait une crise d'appendicite aiguë et qu'elle devait partir à l'hôpital dans l'heure qui suivait. Papa arrivait. Le voyant inquiet, le médecin le rassura mais resta ferme sur l'urgence d'une intervention.

— Ce n'est pas grave quand on est opéré à temps. Mais quand on attend trop, l'appendicite peut éclater.

— Et alors ?

— On peut mourir des suites d'une péritonite.

Je n'ai jamais vu mon père pédaler aussi vite sur son vélo jusqu'à la station de taxi pour que maman puisse être conduite à l'hôpital. Il a dû donner ses derniers sous pour le prix de la course, ceux qu'il économisait en vendant sa « petite ferraille ». Rien ne lui échappait, un boulon, une vieille pointe, tout était bon pour grossir la cagnotte qu'il gardait précieusement pour les coups durs ou pour la fête des mères. En principe, maman n'était pas au courant des petites économies de papa, sinon elle aurait encore davantage dépensé. Ce jeudi était tout gris malgré le soleil dans un ciel parfaitement bleu, malgré l'odeur des marronniers devant chez Louisette.

— Les tuiles, disait maman en parlant de son appendicite, ça arrive toujours avant la paye.

Mon père s'affolait un peu. Était-ce pour la santé de maman ou bien craignait-il d'être en retard à son travail ? J'essayai de lui cuisiner quelque chose. L'homme qui travaille doit manger, disait grand-mère. J'épluchai quelques pommes de terre. Il en restait à la cave qui n'avaient pas trop germé depuis le ramassage de l'automne précédent. Je me lançai dans une sauce rousse avec de la farine et du thym et je mélangeai le tout ensuite avec une boîte de bœuf.

— T'en fais pas ma grande, j'ai pas très faim avec tout ça. J'irai pas travailler cet après-midi.

Il devait se rendre à l'hôpital pour apporter à maman des affaires de toilette et une chemise de nuit.

— Je rattraperai un samedi, le chef n'est pas une peau de vache. Ce qui nous arrive : c'est-un-cas-de-force-majeure.

Il disait cela avec une certaine gravité. Jusque-là, papa était parfait. Il affirma même que je m'y prenais bien pour faire la cuisine, que j'avais trouvé la bonne température sur la cuisinière pour faire la sauce (nous n'avions pas le gaz de ville, ni de réchaud Butagaz) et qu'il savait qu'il pouvait compter sur moi si maman restait à l'hôpital. Mais il restait soucieux. Comment le rassurer ?

— Elle va guérir. J'ai une copine qui a été opérée de l'appendicite, c'était pas grave du tout.

— Oui mais ta mère a tellement attendu, c'est de ma faute, j'ai été dur avec elle, je croyais qu'elle s'écoutait.

Mélie entra chez nous, sans frapper, comme à son habitude, elle avait vu le taxi depuis le bout de la rue.

— C'est malheureux, faut que je me déplace, on ne me tient même pas au courant. Il paraît qu'on a emmené ta femme à l'hôpital, qu'elle est bien mal ? Mon pauvre Roger.

Une grand-mère comme la mienne, pensai-je, il n'y en a pas deux. Pas un mot pour maman, tout pour son fils... Mon père s'est mis à pleurer comme un gosse. J'avais honte pour lui.

— S'il lui arrive quelque chose, je m'en remettrai pas, gémissait-il.

Mélie n'abandonna pas son fils à son chagrin. J'ai vu l'incroyable : ma grand-mère, assise en face de mon père, la tête posée dans la paume de sa main droite et en train de pleurer. Tous deux se lamentaient sur le sort de maman. Pour la première fois, Mélie compatissait pour sa belle-fille.

— C'est pas une mauvaise fille ta Jeanne, je l'aime bien. Dommage pour son fichu caractère... Enfin, pourvu qu'elle s'en tire parce qu'avec trois gosses, t'es pas sorti de l'auberge... T'as pas un petit remontant ?

— Tu sais bien que je ne bois plus de vin depuis trois ans déjà.

— Viens chez nous. J'ai un bon petit bordeaux.

— Non la mère, non. J'ai juré à ma femme. Plus une goutte, tu m'entends, plus jamais. Ne m'embête pas avec ça, sinon c'est pas la peine de venir.

— T'auras pourtant besoin de notre aide avec les gosses.

Maman nous répétait sans cesse qu'il ne fallait jamais se mêler de la conversation des adultes. Mais là, ce fut plus fort que moi.

— Grand-mère, on n'a besoin de personne, j'ai presque quatorze ans et je sais faire dans la maison.

— Comme sa mère, cette chipie, faut toujours qu'elle dise amen !

C'est Joselyne qui, à plusieurs reprises, me donna un coup de main. Toujours son beau sourire et sa voix ensoleillée. Elle était sur son petit nuage à cette époque. Très amoureuse de François, un jeune sportif de la société de gymnastique, *La Champigneullaise*. Beau garçon bien bâti, fils d'un colonel, établi à Bouxières-aux-Dames. Il passait devant nos cités pour aller prendre le train à la gare de Champigneulles. Les jeunes gens se saluaient chaque matin sur le quai ou dans le compartiment. Il était encore étudiant. Elle était secrétaire-comptable. Mais c'est surtout après les entraînements qu'ils se parlaient et faisaient route ensemble. Joselyne faisait régulièrement part à maman des jours heureux d'un amour naissant. Elle aimait aussi évoquer certains livres qu'elle venait de lire. Elle avait découvert François Mauriac en lisant *Thérèse Desqueyroux* et avait des jugements un peu tranchés qui avaient le mérite de forcer ma réflexion. J'avais, quant à moi, rencontré l'écrivain au hasard d'une dictée, en cinquième. J'en étais au *Mystère Frontenac.* Je me souviens avoir entendu dans la bouche de Joselyne : « Le charme des grandes familles abrite quelquefois une bonne couche d'hypocrisie. »

Est-ce François qui lui avait dit cela parce que sa famille s'inquiétait de le voir fréquenter un peu trop assidûment une fille d'ouvrier ? Certes, les parents du jeune homme savaient bien que l'ardeur d'un corps fougueux doit trouver son apaisement. Il faut que jeunesse se passe, et pour ce faire, leur fils avait plutôt bon goût. La jeune fille était jolie et, bien que de milieu modeste, n'avait rien de vulgaire. Mais quant à songer au mariage ! Mon Dieu, non ! Leur fils était bien jeune. Il attendrait, et finirait par oublier ses jeunes amours. Ce serait juste le moment pour ses parents de réfléchir à une union satisfaisante. J'entendais, prêtais l'oreille aux confidences, mais n'intervenais jamais dans ces conversations.

Étrange décalage. Pour maman et mes cousines plus âgées, j'étais encore une gamine, tout juste bonne à m'occuper de mes petites sœurs, et à aider au ménage... Pour papa, étranger à ces parlottes-de-bonne-femme (c'est ce qu'il disait), j'étais la grande. Il pouvait me parler des choses de la terre, s'inquiéter pour l'avenir, comme il disait, quand les sous manquaient ou que la santé de l'une ou l'autre vacillait. Maman aussi du reste évoquait ses soucis. Mais les choses du cœur, jamais.

Joselyne vint aider à la lessive. Elle entra joyeuse.

— Tiens voilà la Dine-dine, lança mon père.

C'était le petit nom affectueux qu'il lui avait donné quand elle était une toute petite fille ravie de faire tourner un moulin à musique gagnée à la tombola de la fête foraine annuelle. Ce moulin à musique était plutôt enroué et les sons émis faisaient penser à une sonnette. Joselyne qui s'essayait à la parole, répétait en le tournant « Dine-dine », et comme cela rimait avec Joselyne, mon père s'en amusa. De ce jour, ma cousine, déjà sa filleule, devint pour lui Dine-dine pour la vie.

Elle vérifia que j'avais bien mis le linge à bouillir dans la lessiveuse avec le sel de soude et le savon de Marseille en paillettes et nous partîmes au lavoir tenant la lessiveuse chacune par une poignée en faisant attention de la porter à même hauteur afin de ne pas nous ébouillanter. Il faisait beau en ce samedi matin d'avril, mais l'eau était encore bien froide dans le bac à rincer le linge. Il n'y avait pas trop de monde au lavoir, nous avons donc pu étaler les draps sur toute leur longueur et brosser à deux, savonner au savon de Marseille, avant de reprendre de l'eau, de frotter la toile à nouveau, de la plonger dans le bac. Nous avons répété l'opération en nous éclaboussant au passage. Il m'arrivait d'aller aider maman au lavoir, mais je n'ai jamais pris autant de plaisir à laver le linge qu'en ces jours-là.

Le lavoir, lieu de retrouvailles des femmes, lieu d'échange et de confidences. Un mari trop souvent ivre. Un autre coureur, un autre encore joueur ou qui battait parfois sa femme. Et ces phrases lourdes de sous-entendus qui disaient tant d'inquiétude au cœur de ces cités quand on peinait déjà pour élever quatre, cinq enfants, et qu'un sixième, un septième s'annonçait.

— Georgette, je crois que je suis bonne. Ce mois-ci, rien... malgré la tisane d'armoise.

— C'est comme la Ginette du Chemin des Sables, ça fait deux mois qu'elle s'est pas vue, et elle ose rien dire à son homme, il va encore tout casser et dire que c'est pas de lui.

Entre Joselyne et moi, rien de tout cela. Secrètement, j'espérais que Jacqueline allait me raconter ses amours, comme sa sœur Annie, sa cadette de deux ans qui flirtait gentiment derrière le lavoir avec le copain préféré. Joselyne me demandait si le ménage et les petites sœurs ne me fatiguaient pas trop ; si j'arrivais à faire mes devoirs. Comme j'étais déjà entraînée à ces tâches, ce n'était pas un problème. Le vrai problème c'étaient les cours à rattraper quand je manquais. Je faisais moi-même mes mots d'excuses. Angine, bronchite, maladie contagieuse d'une petite sœur. Je n'étais pas en manque d'idées. Le tout était de savoir varier.

J'en étais à admirer la manière dont elle s'habillait. Le chemisier assorti avec goût à ses jupes. Le petit foulard qu'elle nouait derrière la nuque. Les bas sans couture qu'elle osait s'acheter. Mais elle me fit parler du lycée, me dit la chance que j'avais d'être allée en sixième à Nancy, grâce à l'insistance de maman et de la directrice de l'école primaire qui sut convaincre papa de mes capacités. Ce fut une révolution dans la famille et parmi les ouvriers de la cité.

— Ma parole, le Roger est tombé sur la tête, mettre sa fille à Nancy quand on n'a pas le sou. Il veut péter plus haut que son c... C'est encore la Jeanne qui lui a fourré ça dans le crâne.

Persuader mon père de rencontrer la directrice de l'école qui l'avait convoqué ne fut pas une petite affaire. Il avait d'abord cru que je m'étais mal comportée en classe.

— Si t'as manqué de respect à la maîtresse, tu vas voir tes fesses, ma fille.

Maman le rassura, lui dit que c'était pour m'envoyer en sixième. Il demeurait sceptique.

— Les ouvriers avec les ouvriers. On ne mélange pas les torchons avec les serviettes.

Finalement, il accepta de rencontrer la directrice. Maman avait préparé le terrain en le flattant :

— Si ta fille fait des études et devient quelqu'un ce sera grâce à toi, on te montrera en exemple. On dira que tu as été méritant. Tu es le seul de ta famille à pouvoir comprendre cela. Tu feras des envieux.

Il hésitait, encore intimidé par l'école. Ce n'était pas son monde.

— Un pauvre manant comme moi, avoir sa fille dans les écoles, non madame la directrice, faut pas y penser ! Et où j'irai chercher l'argent ? J'ai pas de planche à billets, moi !

— Mais vous avez droit à une bourse. Je vous aiderai pour faire la demande.

Ce fut vrai, sauf que la demande de bourse, c'est moi qui l'ai remplie. Non que maman en soit incapable. Mais elle devait encore être retombée en déprime. Ça lui arrivait souvent. Je prenais alors en charge la maisonnée. Maman dirigeait de loin, parfois de très loin. Dans quel pays repartait-elle quand elle plongeait dans des rêves éveillés qui démarraient toujours alors qu'elle tenait un livre ou une revue dans les mains ? Personne ne pouvait lui parler et papa excédé lançait :

— Dis-moi, m..., mais dis-moi quelque chose !

*

Comme chaque jour, maman se rend à l'hôpital Saint-Julien, avec moi ou avec l'un ou l'autre parent. Elle guette le moindre signe sur le visage de son mari. Elle a toujours redouté ses humeurs, car papa fait partie de ces hommes tendres qui, par peur du qu'en-dira-t-on, cachent leur bon cœur. Ils ont une réputation d'homme à tenir. Ils se sentent obligés d'incarner la force pour être respectés. Maintenant qu'il est inerte sur un lit tendu, tiré de partout, maman guette tout souffle et tout mouvement. Ce grand calme est bien plus terrifiant pour elle que toutes les scènes de ménage vécues en cinquante ans de mariage.

— Je ne sais pas ce que je donnerais pour l'entendre râler. Je saurais au moins qu'il est bien vivant.

Vivant, pour le corps médical mon père l'est. Le cœur bat, le sang circule dans ses veines. Grâce à la technique, sa respiration est régulière. Sa température est surveillée.

Aujourd'hui nous le trouvons enveloppé d'une couverture métallisée, ressemblant aux sacs de survie utilisés en montagne. L'infirmière explique que la température de papa a chuté en dessous de 36°C. Elle me confie également qu'à plusieurs reprises son cœur a donné des signes de faiblesse, mais qu'à présent tout est rentré dans l'ordre. Enfin presque, car aucun signe d'éveil n'est enregistré. Je regarde sur l'écran le tracé de son activité cérébrale. Il ne montre pas de grands bouleversements, mais cependant, la ligne s'agite parfois. C'est suffisant pour m'inciter à poursuivre notre étrange dialogue. Je lui dis que toute la famille se mobilise autour de maman pour qu'elle puisse venir lui rendre visite chaque jour. J'ajoute qu'il devrait faire un effort pour guérir vite. On attend son retour avec impatience, on fera la fête... et puis on ira sur les plages du débarquement où nous devions aller il y a trois ans.

La mort subite de Christiane, cette année-là, avait bouleversé notre programme estival. Papa et maman se trouvaient en Savoie, Christiane et Denys, son mari, en Lorraine. Nous devions tous nous retrouver à Ecquevilly le temps d'un repas. J'attendais un coup de fil de Savoie pour savoir à quelle heure aller chercher mes parents à la gare de Lyon. Le téléphone a bien sonné. Mais c'était Denys qui appelait de Marbache d'une voix éteinte. Tout était dit.

— C'est Christiane.

Je compris au silence de Denys que le pire était arrivé.

Depuis cet été-là, nous n'avons plus osé songer à un nouveau voyage en Normandie. J'ai aujourd'hui le pressentiment que je ne pourrai jamais conduire papa en Normandie, à Deauville ou à Honfleur. Il ne verra jamais la Manche, n'ira jamais hanter les lieux où les Alliés ont débarqué pour libérer une France humiliée. Je voulais tellement lui offrir cette promenade historique dont il rêvait. Ensemble nous sommes allés à Verdun un jour où j'avais besoin d'en respirer les lieux pour mon roman. Nous avons fait le circuit complet. Le musée, l'ossuaire, les tranchées, les villages martyrs, les films, les exposés. Il n'avait pas assez d'yeux et d'oreilles. Il voulait tout voir, tout entendre. Ensuite papa aimait ouvrir les livres d'histoire relatifs aux lieux visités et dire qu'il était allé en ces endroits, que sur la photo c'était exactement ce qu'il avait vu. Il regardait les livres avec un immense respect. Je ne suis pas sûre qu'il comprenait tout. Il aurait voulu. Il achetait des livres, des encyclopédies dont il tournait les pages.

— Il y en a des choses savantes dans ces pages.

Ensuite il demandait à Michel de l'emmener en voiture jusqu'à Nancy pour y acheter des étagères pour ranger les livres. Il n'était pas fixé sur les modèles.

— On peut prendre les mêmes que chez toi. Papa tentait avec une évidente bonne volonté de sortir de sa condition. Il avait à cœur de se mettre au même niveau que ses enfants. Les livres bien rangés, il les contemplait ensuite avec fierté, passait ses doigts sur le dos des ouvrages, comparant sa bibliothèque avec la nôtre.

— Ça fait pareil.

Son visage s'illuminait. Et il était heureux, lui, « le pauvre manant », de faire ainsi un pied de nez à sa mère Mélie qui reposait à présent au cimetière de Champigneulles au terme d'une bien longue vie.

Vendredi 25 août

Geneviève, ma petite sœur, est arrivée d'Orléans pour le week-end avec ses enfants. Elle est effondrée. Elle a tout juste trente ans et n'imaginait pas que l'homme généreux qui l'a accueillie, vingt-neuf ans auparavant, qui lui a donné son nom, risque un jour de mourir. Pour elle, il a toujours été l'homme fort. Le jour de son mariage, il l'a conduite avec fierté au pied de l'autel, comme il l'a fait pour ses propres filles. Il est le grand-père des trois adorables enfants qu'elle a mis au monde. Il est même allé en vacances dans l'Orléanais, a visité les châteaux avec toujours ce même regard ébloui de l'enfant qui découvre.

Nous nous organisons, Geneviève et moi. Nous allons nous relayer auprès de maman et de papa. Elle restera à Frouard quand je n'y serai pas jusqu'au moment de la rentrée des classes. Il n'est pas possible de faire d'autres projets.

Combien de visites à l'hôpital, de coups de téléphone pour prendre des nouvelles ? La famille est grande. Papa est le dernier d'une famille de onze enfants. Sa sœur Adèle, son aînée de vingt ans, toujours en vie, a été pour lui, une mère tendresse quand

Mélie était défaillante. Adèle a eu dix enfants, mais a gardé une place en son cœur pour le petit frère qui venait claquer une bise sur ses joues à la sortie de l'école et plus tard l'aider à fendre le bois qu'elle mettait dans le poêle. Adèle préparait toujours un bon goûter et Roger s'en allait ragaillardi retrouver Mélie à l'autre bout de la ville. Aujourd'hui, Adèle et lui se rencontrent régulièrement. Presque chaque semaine. Leur joie se lit dans leurs regards. Papa a le geste affectueux. Il a acheté les yaourts qu'elle préfère et qu'on ne trouve, dit-elle, que dans les magasins où se rend son frère. Il caresse doucement ses joues avant de la serrer contre lui.

— Mon Adèle, toujours aussi belle...

Adèle est restée coquette, toujours impeccablement coiffée à plus de quatre-vingt-quatorze ans. Elle a toujours ses yeux immensément bleus. Opérée deux fois de la cataracte, elle tire une certaine vanité de pouvoir lire sans lunettes et s'amuse de la réaction de son entourage qui la complimente d'être restée si jeune.

— Adèle toujours aussi belle, ça rime, lance papa, ça rime parce que c'est la vérité !

Elle rit, Adèle, et me glisse parfois à l'oreille quand je suis là :

— Ton père ne doit plus bien voir clair. Tu sais avec l'âge on fripe. J'ai des rides maintenant.

Pourtant elle se laisse photographier après s'être assurée qu'elle a encore du fard sur les joues, et qu'elle n'est pas décoiffée.

Adèle sait ce qui est arrivé à son frère. On ne pouvait pas le lui cacher.

— Depuis, elle se lamente et pleure, dit Bernard, mon cousin chez qui elle vit depuis la mort d'Eugène après soixante-cinq ans de mariage.

Adèle répète qu'elle a vécu trop longtemps. Elle a vu mourir, une fille, une petite-fille des suites d'un accident de voiture. Son petit frère ne doit pas mourir avant elle. Le Bon Dieu pourrait faire attention parfois.

*

Je songe à ma tante, qui a su se démarquer de sa mère. Ses enfants ont fréquenté l'Église à l'instar de Mélie. Papa lui aussi a rejoint l'Église « victime » d'une parole alors qu'il affirmait ne pas croire en la bonté de Dieu.

— S'il y avait un Dieu, il n'y aurait pas autant de malheur sur terre.

Il estimait avoir eu son lot de peine quand les cités appartenant à l'ex-société des Forges et Laminoirs furent revendues aux Brasseries de Champigneulles. À qui payer les loyers ? Chaque famille vécut dans l'attente. Pour les locataires travaillant déjà aux Brasseries, le problème ne se posait pas, mais pour les autres ? Maman pressentait qu'il faudrait un jour ou l'autre partir. Mais pour aller où ? Il y avait peu de logements modestes à louer. Ceux proposés par la mairie étaient attribués aux familles ayant une carte au PC.

— Je t'inscris sur la liste si tu prends ta carte, avait suggéré le secrétaire de mairie à papa.

Avec quelle fierté il répondit :

— Je suis pas à vendre, pas plus qu'à acheter. Je mange pas de ce pain-là. Ton logement tu te le gardes, j'aime mieux aller coucher dans ma maison de jardin à côté de mes poules et de mes lapins.

J'avais tremblé lorsque papa avait relaté les événements à maman après être allé à la mairie. Je nous imaginais dans la maison de bois qu'il avait construite au milieu de son jardin. C'est vrai que sa maison de jardin avait de l'allure, avec une vraie porte, deux fenêtres pourvues de volets ; il y avait même un étage, mais sans fenêtre ; le toit ressemblait à un vrai toit à deux pentes.

— Je ferai une lucarne et on verra le ciel.

Parlait-il sérieusement ?

— On arrangera, petit à petit, je peindrai, mettrai des fleurs, ça ne sera pas plus moche qu'ici, et personne ne viendra nous emm...

Lisant l'incrédulité sur mon visage et la peur secrète qui me donnait déjà mal au ventre, maman coupa court aux rêves de papa qui faisait des plans sur une feuille, prévoyait des agrandissements.

— Tu devrais faire une demande de logement auprès de ton patron.

— Il n'a pas de logement à Champigneulles. Seulement à Frouard. On peut pas partir comme ça, ma mère est bien vieille.

— Et alors, habiter à quatre kilomètres d'ici, c'est pas aller en Amérique quand même ? Il y a le bus, non. Et puis près d'elle il y a ton frère et ta sœur.

Il fallut du temps à maman, mais elle réussit à persuader papa qu'on pouvait vivre ailleurs qu'à Champigneulles. Frouard était une jolie ville, on pouvait s'y rendre soit par le bus, sinon en coupant à travers champs avant le pont de la Meurthe à

Bouxières-aux-Dames. Nos promenades dominicales changèrent. Nous n'allions plus systématiquement à Bouxières-aux-Dames, à Custines, ou à Lay-Saint-Christophe à travers champs, mais jusqu'à Frouard, jusqu'à l'Écluse, après avoir longé le canal par le chemin de la Rompure et laissé derrière nous la colline de Bouxières. Nous admirions les jolies maisons, les jardinets. Pompey et ses usines au loin s'offraient à nos regards. Je trouvais laides les cheminées des hauts fourneaux

— Tu sais pas ce que tu dis, ma grande. Tant que ces cheminées cracheront le feu jusqu'au ciel, les gens de la région n'auront pas faim. C'est ce qui nous fait vivre.

Oui, mais comment dire à papa ce que j'apprenais à l'école ? Les toxines, les fumées responsables de graves maladies ? Il suffisait de regarder le crépi des maisons de Pompey en bordure de l'usine pour avoir une petite idée de l'état des poumons de la population. C'était cela vivre ? Travailler comme une bête, être soumis aux trois huit ; régler sa vie sur le gueuloir des aciéries ; se tuer à la tâche pendant près de quarante ans si l'on n'avait pas été victime d'un accident du travail et mourir un ou deux ans après la retraite, trop usé pour avoir encore la force de donner un sens à sa vie ? La retraite pour ces travailleurs de l'acier, c'était l'attente. L'attente de quoi ? De la mort ? Ceux qui savaient attendre vivaient peut-être un peu plus vieux. Les autres allaient plus ou moins gaillardement à la rencontre de la camarde. Je l'ai souvent imaginée assise au bout du pont séparant Frouard de Pompey, le regard fixé tantôt sur les aciéries, tantôt sur la Moselle qui lui donnait un rude coup de main parfois dès les beaux jours. Elle veillait, surveillait ses ouailles, si sûre qu'ils seraient à elle un jour ou l'autre, couchés au cimetière de Frouard ou de Pompey installés de part et d'autre de la Moselle.

Les semaines passaient. Les mois aussi. On ne parlait plus de déménager. Maman s'inquiétait chaque fois qu'elle lisait dans les faits divers de *L'Est républicain* une affaire d'expulsion. Papa jurait ses grands dieux qu'il avait fait le nécessaire et que le prochain logement de libre lui serait attribué en priorité puisqu'il avait trois enfants. Il ne fallait plus mettre en doute sa parole. Maman le crut jusqu'à ce qu'elle reçoive au printemps suivant une lettre recommandée. La grand-mère, qui se trouvait là lorsque le facteur apporta la missive, riait déjà sous cape, croyant qu'il s'agissait de dettes non payées.

— Eh bien non belle-maman, c'est pas pour une affaire d'argent. Pas cette fois. C'est pour le logement.

Cette lettre écrite par la Direction des Brasseries rappelait à papa qu'il occupait indûment un de leurs logements, mais précisait en outre, qu'il était possible de continuer à bénéficier de la quasi-gratuité de ce logement s'il acceptait de faire partie du personnel des Brasseries. Dans le cas contraire, il faudrait libérer les lieux dans les meilleurs délais.

— J'y suis, j'y reste. J'irai pas, déclara papa en colère. Ils ont eu le Pierrot et le Rodolphe, ils ne m'auront pas. Je veux pas être payé avec un lance-pierres.

Il prit la lettre, la fourra dans sa poche de veste et déclara qu'il irait trouver le chef du personnel de son usine pour faire accélérer les choses.

— Avant l'hiver, ma femme, je te le promets, nous serons partis et mieux logés.

Maman le crut. Elle se voyait ailleurs, heureuse, libre, car loin de sa belle-mère.

L'été tirait à sa fin. Maman était repartie pour l'hôpital avec des problèmes de thyroïde. Mes sœurs jouaient dans la rue quand l'huissier frappa à notre porte. Il sortit un papier bleu de sa serviette. Devant mon air ahuri, apparemment insensible à l'absence des parents et au fait que notre mère soit à l'hôpital, il déclara avec emphase et sévérité :

— C'est la mise en demeure avant l'ex-pul-sion. Elle est prévue dans huit jours l'ex-pul-sion.

Puis il fit clouer cette mise en demeure sur notre porte par le gendarme qui l'accompagnait.

La honte !

— C'est interdit de l'enlever, me dit-il en réajustant ses lunettes.

J'eus envie de lui cracher au visage. Il ne me faisait pas peur ce petit bonhomme chauve et déjà replet avec son costume sombre et sa cravate de croque-mort. Pour ça non. Je me rappelais les paroles de mon père.

— Les gens trop bien mis, c'est sur le dos des pauvres gens, des manants comme moi.

Cracher au visage de cet homme m'aurait soulagée quelque part. Si ça servait à ça étudier ! Faire un métier qui vous permettait de mettre des beaux habits pour jeter les pauvres gens dehors. J'aimais encore mieux aller ramasser les pommes de terre pour le compte de la ferme de Vincent. Dans ma petite tête tout se bousculait. Je me souvenais de quelques scènes de ménage entre les parents. Maman trouvait que le patron de papa mettait beaucoup de temps pour tenir sa promesse. Elle le harcelait donc pour qu'il renouvelât sa demande.

— Ça fait au moins dix fois que je monte aux grands bureaux. Ça va venir... On peut pas mettre quelqu'un dehors pour moi. C'est en route. Il y a un appartement qui va se libérer.

Je comprenais. Si l'huissier était là aujourd'hui, c'est que la procédure avait suivi son cours. J'étais presque sûre que papa n'avait déposé aucune demande. Que dirait maman si elle savait que l'huissier était venu ? Elle répétait toujours qu'une expulsion c'était terrible. On mettait les meubles sur le trottoir. Chez nous, ça serait vite fait. Une table, un buffet, un petit bahut, trois lits et deux armoires. Et comme ils étaient moches nos meubles, à part le bahut de la grand-mère, toutes les copines de la rue rigoleraient. Les langues n'avaient pas fini de tourner au lavoir. Je n'oserais plus aller chercher de l'eau quand les laveuses y seraient. L'huissier prendrait tout pour payer les frais de procédure, et nous, les enfants, irions peut-être bien à l'Assistance publique si personne ne voulait nous accueillir. Il ne fallait pas compter sur la grand-mère, ni sur d'éventuels amis. D'ailleurs, ici, dans les cités, tous vivaient déjà à l'étroit dans des deux pièces ou trois pièces pour des familles comptant parfois jusqu'à sept, huit enfants. Nous avions même une famille lauréate du Prix de la Mère de famille nombreuse avec douze enfants en quinze ans de mariage. Je nous voyais donc, mes sœurs et moi, au pensionnat des orphelins de la rue Stanislas. Quand parfois maman nous emmenait jusqu'à la rue des Michottes, à Nancy, au bureau de la Sécurité sociale pour se faire rembourser des frais des médicaments, il nous arrivait de croiser les enfants du pensionnat en promenade dans les rues de Nancy, deux par deux. Ils portaient des uniformes à faire pleurer. Ils avaient les cheveux coupés si court qu'on voyait leur crâne. Comme ils avaient l'air tristes ! Ah non, je ne voulais pas leur ressembler ! Je le jure, jamais !

Je me suis senti tous les pouvoirs. L'huissier n'était pas au bout de la rue que l'affiche de la honte était déjà arrachée. Si papa n'avait pas réussi à émouvoir son patron, peut-être qu'une gamine de quatorze ans le pourrait ? J'écrivis au patron de papa en lui racontant notre histoire, la demande de mon père, un an auparavant, restée sans réponse. Et puis je songeai au député-maire de Nancy dont on disait grand bien. Au lycée, une fille de la classe le connaissait personnellement. C'était un ami de son oncle. Elle disait qu'il était médecin et très généreux.

— Encore un du côté des curés, disait grand-mère Mélie en refermant le journal quand elle le voyait en photo invité à la kermesse paroissiale.

J'étais certaine qu'il n'était pas communiste. Il comprendrait pourquoi notre municipalité n'avait pas pris en compte notre demande. Peut-être trouverait-il une solution, peut-être pourrait-il intervenir auprès du tribunal ? J'ai recommencé au moins dix fois ma lettre. Surtout pas de rature, pas de surcharge. Trouver le bon terme. J'affirmai à M. le député-maire qu'il était notre dernier et unique recours pour surseoir à cette expulsion qui risquait de faire mourir maman hospitalisée pour la troisième fois en un an. Je n'oubliai pas de conclure avec une belle formule comprenant les remerciements anticipés et les salutations distinguées. J'avais souvent observé maman rédiger les lettres pour les gens du quartier. Christiane et moi avons récupéré au fond de notre grosse boîte d'allumettes transformée en tirelire de quoi acheter deux timbres. La copine Claudine prêta son vélo à ma sœur à qui je fis mille recommandations.

— Descends bien de vélo pour traverser la route nationale. Va vite, mais sois prudente, on a déjà assez de soucis comme ça. Allez grouille, les lettres doivent partir avant midi sinon on couche avec les lapins dans moins d'une semaine.

Trois jours après, maman sortait de l'hôpital. Je racontai vaguement que j'avais écrit au patron de papa et au député-maire pour faire accélérer les choses. Mais elle ne m'écoutait pas vraiment, elle avait encore la tête ailleurs, en Alsace sans doute, dans le grenier de la maison de sa grand-mère Philomène où elle aimait se cacher pour lire pendant que Marguerite était de corvée. Mais je n'ai pas parlé de la visite de l'huissier pour ne pas l'inquiéter. Le lendemain, papa rentra furieux de l'usine.

— Qu'est-ce t'as fait derrière mon dos, la femme, tu m'as doublé, tu veux me faire passer pour un manant, hein ?

— Qu'est-ce tu voulais que je fasse depuis l'hôpital ?

— Le fils du patron, oui tu entends, le fils du patron m'a fait appeler, même que le chef me faisait des yeux gros comme des pafs.

J'ai d'abord cru qu'il allait me foutre à la porte. J'ai pensé qu'à ça et je ne comprenais rien. J'entretiens mon pont, y'a pas eu de dégâts, j'ai pas manqué. Non. Il était plein de cérémonie. Il m'a fait asseoir dans ses beaux fauteuils, moi, le manant avec mes bleus sur le cul. Il m'a dit que « nos affaires » allaient s'arranger, qu'il l'avait promis au député. J'ai rien compris à cette histoire. Qu'est-ce que t'as raconté au député, tu fricotes peut-être avec ?

— Si tu continues comme ça, tu vas te prendre la cocotte, a dit maman en haussant le ton... Réfléchis un peu, j'étais à l'hôpital, tu le sais bien.

— C'est quand même pas le Bon Dieu qu'a prévenu le député ?

— Justement, si tu y croyais un peu plus au Bon Dieu, si tu l'écoutais, lui, au lieu de courir tous les jours chez ta mère qui n'arrête pas de me critiquer, notre vie changerait, ça irait mieux.

Mes sœurs et moi, nous nous regardions le cœur battant. Hou là là ! L'heure était grave. Le tonnerre paternel grondait. Les murs tremblaient déjà. Pourvu que papa et maman ne s'en prennent pas aux assiettes, car il n'y en avait plus que sept dans le buffet... Sinon faudrait manger dans la casserole, ou en emprunter à la grand-mère jusqu'à la prochaine paye. Maman reprit le contrôle de la situation car papa venait de s'asseoir.

— L'essentiel, c'est que ton patron s'occupe des choses, non ? Enfin... avec l'aide de Là-haut.

Elle pointait son doigt vers le ciel avec une telle persuasion.

— Écoute la femme, ton Bon Dieu, comme tu dis, si on l'a ce logement, je le suivrai, je te jure sur la tête de...

— Jure pas sur la tête de quelqu'un, ça va porter malheur. On a déjà bien assez d'ennuis.

— Je jure quand même devant Elle (la Vierge sur le petit bahut), que la messe, je la manquerai plus, parole de Roger.

*

L'été déclinait à regrets comme s'il ne voulait pas finir. L'automne s'installait doucement alors que nous déménagions. Je ne sais pas où était Joselyne, la Dine-dine de papa. Il semble me souvenir qu'elle avait rejoint son bien-aimé, militaire à La Rochelle. Elle avait osé braver les conventions, pour aller vivre avec François sans être passée devant le maire et le curé. C'est Yolande qui est venue nous aider. Yolande, resplendissante à l'aube de ses dix-sept ans. Elle avait les yeux pleins de soleil, comme sa sœur. Elle aimait Marcel de tout son cœur, de toute son âme, depuis presque trois ans. Lui aussi habitait Bouxières, comme François. Il était venu jusqu'à nous un jour d'inondation. La Meurthe avait débordé et les digues de notre route n'avaient pu contenir le flot boueux qui s'était répandu sur la chaussée. Les Brasseries aussi étaient en partie inondées. Le spectacle était grandiose. De l'eau presque à perte de vue jusqu'au pont de Bouxières d'un côté, et au-delà du pont de Lay-Saint-Christophe de l'autre. Marcel avait repéré la petite blonde au milieu d'un groupe de gamines de son âge et il essayait d'attirer son attention en faisant quelques acrobaties avec son vélo. Les autres filles riaient comme des bécasses, se souvient-il aujourd'hui. Yolande observait timidement. Elle portait encore des chaussettes et tirait dessus vers le haut chaque fois que l'une d'elles glissait le long de son mollet.

En faisant les paquets, en pliant le linge, en rangeant la vaisselle dans les caisses, Yolande me racontait ses amours, les lettres échangées. Elle était sûre de n'aimer que lui. Le plus difficile à vivre était la séparation. Marcel faisait partie des enfants de troupe. Il venait à Bouxières uniquement pendant les vacances d'été, de Noël et de Pâques.

J'écoutais ma cousine et me disais que cela devait être bien agréable d'aimer et d'être aimée. Mais qu'il fallait être jolie pour être distinguée par un garçon bien. À moi, cela n'arriverait sûrement jamais. J'avais bien compris cela en me regardant dans la glace. Mais ce n'était pas grave. J'avais autre chose, le rêve que je jetais sur des feuilles de papier. Plus tard, j'écrirais leurs histoires, j'en ferais peut-être des livres... J'avais déjà commencé et aux copines de classe faisais la lecture à haute voix pendant la pause du déjeuner au lycée Frédéric Chopin.

*

L'emménagement dans une cité équipée de l'eau courante ressemblait, pour ma mère et moi, à un voyage en Amérique. Nous sommes arrivées dans le logement avant le camion. Nous avons fait le tour des lieux. Je revois ma mère s'arrêter devant l'évier de la cuisine, tourner le robinet et regarder l'eau couler sans pouvoir détacher son regard du filet. La même pensée nous unissait. Plus jamais nous ne porterions les seaux, les brocs. Quant à mes sœurs, elles couraient dans les escaliers car les chambres, très vastes, se trouvaient à l'étage. Il y avait un petit placard sur un palier. On pourrait même jouer à la cachette, disaient-elles ravies.

— T'as pas fini d'aller à la messe, chuchota maman lorsque papa nous rejoignit.

— Ce qui est dit est dit, la femme, dès dimanche j'y suis.

Il a dû lui en coûter à papa de se rendre à la messe au bras de maman. Mais il fut bien accueilli, maman aussi, au sein de la paroisse. Au fil des ans ils devinrent très actifs tous les deux. Elle dans la catéchèse, lui au sein des associations. Son sens pratique, son dévouement ont toujours été appréciés. Quand on venait le chercher pour réparer une serrure, remplacer une vitre cassée dans l'un ou l'autre local, il était toujours là. Il organisait des quêtes supplémentaires pour aider la paroisse à payer les frais de chauffage de l'église. Plus tard, on lui demanda même de figurer sur une liste municipale.

— N'y va pas, dit maman toujours lucide, ils ont seulement besoin de manants comme toi pour montrer que le docteur et l'ancien colonel en tête de liste sont proches des petites gens. Ce n'est pas ta place. Faut être diplomate, et tu ne l'es pas.

— C'est seulement pour rendre service.

— Si c'est pour faire homme de paille...

Comme il hésitait encore, elle menaça :

— Tu seras ridicule. On va se moquer de toi. Si tu acceptes, je demande le divorce.

— Bon, mettons que t'as raison, j'ai pas été aux écoles. Je reste près de toi, t'es contente ?

Il avait renoncé avec un peu de tristesse dans le regard et un rien de chagrin dans le cœur. Jeanne l'avait remis assez durement à sa place.

Dimanche 27 août

Nous sommes de retour Michel et moi à Ecquevilly pour quelques jours. Je suis repartie de Frouard la mort dans l'âme, sans que papa ait donné le moindre signe d'éveil.

27 août, une date dont je n'ai pas osé, ou pas pu me souvenir. C'est un 27 août que Christiane a été mise en terre à Marbache. Ce ne fut qu'une mise en terre, elle ne voulait rien d'autre que la terre de Lorraine comme dernier vêtement, elle qui avait tant aimé la fête, l'apparat, se faire belle, pour Denys, s'offrait nue et dépouillée. J'ai été profondément blessée, pour elle, pour ses enfants, par les paroles de Denys au bord de la tombe. Le silence n'est-il pas préférable à une explication maladroite et inutile puisque la personne concernée ne peut répondre, a les yeux clos ? Près de lui, ses enfants hébétés qui ne comprenaient pas ou comprenaient trop bien. Denys a évoqué cet amour fou qui les avait unis tous deux. Mais *Avec le temps* tout s'en va, Léo Ferré l'a assez chanté. Une séparation serait intervenue. La mort avait précipité leur séparation. Il rappela que cette « cérémonie » d'adieu, l'était sans dieu aucun,

puisque ni elle, ni lui ne croyaient en une vie au-delà de celle du corps.

— Le corps n'est que matière. Tout finit à la mort du corps.

Non. Non. Non, pensais-je. Non, Denys, tu ne peux pas affirmer cela, tu n'en sais rien. J'entendais comme dans un brouillard qu'il respectait les dernières volontés de Christiane : être inhumée en terre de Lorraine, celle des mirabelliers. Quelqu'un voulait-il ajouter quelque chose ? Je n'aime pas me faire remarquer, mais entendre devant leurs enfants, qui se tenaient par la main, que l'amour qui les avait fait naître eux, certes déjà bien érodé, finissait là, au bord de la tombe ouverte qu'on refermerait avec quelques pelletées de terre qui décomposerait la matière, le corps aimé de leur mère, me fut insupportable. Pour France, Flavien, Romain, Thomas et Nicolas, pour eux perdus parfois dans la nuit, une parole, même modeste, rien qu'une petite flamme si c'était possible ! Qui allait oser la dire, même d'une voix tremblée ? Personne. Il fallait donc que j'y aille au bord de cette tombe qui me déchirait l'âme.

— Qui que nous soyons, quelle que soit la croyance qui nous anime ou ne nous anime pas, je ne sais pas ce qu'il y a au-delà de la vie du corps, mais je veux croire, qu'il y a l'amour, l'amour plus fort que la matière. Cet amour nous le transmettons en donnant la vie, nous sommes tous des témoins même involontaires de l'amour. Tant que nous aimerons et nous souviendrons des êtres aimés, ils vivront !

Où donc est-elle cette sœur tête de linotte qui rêvait d'un éternel amour et qui est morte avec l'amour qu'elle voyait s'effilocher ? En quel pays se promène-t-elle ? Où est-elle cette fille qui voulait toujours être la plus belle ?

— Prête-moi ton foulard, ton pull pour aller avec ma jupe blanche, je veux être la plus belle ce soir.

Elle me suppliait d'une irrésistible moue enfantine à laquelle je cédais.

Où est-elle cette éternelle gamine ? De quoi a-t-elle eu peur ? Qui a osé insinuer devant elle que toute beauté périssait, que nul n'échappait aux ravages du temps ? Et que la vie, l'amour n'avaient pas d'éternité.

Ô petite sœur, pourquoi n'ai-je pas su te dire que la vieillesse n'est pas le naufrage que tu croyais, celui décrit par quelque féministe affiliée à un parti devenu ton maître à penser ? Pourquoi n'ai-je pas su te persuader que dans le cœur de tes enfants tu resterais éternellement belle parce qu'un cœur gonflé d'amour fait rayonner tout visage ? Tu voulais plus, je le sais, le regard de Denys éternellement amoureux pour toi, rien que pour toi. Il ne pouvait pas. Il n'était qu'un homme.

*

Demain je verrai Matthieu, il y a encore quelques ajustements à apporter à son travail. Dernière relecture pour d'ultimes corrections avant les photocopies et reliures. En attendant, le besoin de marcher me prend. Les champs sont à quelques mètres, j'y vais alors que le soir tombe et que je suis certaine de ne rencontrer personne. Je n'ai pas envie de parler de ce que je vis, de ce que j'éprouve. Une part de moi se trouve tirée hors de la vie alors que l'autre m'y projette. Étrange paradoxe. C'est une part d'enfance qui se dérobe, celle où mon père me prenait par la main et me conduisait, me racontait.

Alors qu'il gît sur son lit en salle de réanimation, tout ce que je croyais oublié me revient à la mémoire, me perturbe et me bouleverse. Ces souvenirs passent et repassent devant mes yeux avant peut-être de s'évanouir dans le lac de la mémoire. C'est ça, comme les noyés dont on dit qu'ils revivent leur vie en quelques secondes avant de fermer les yeux à jamais. Mon enfance va donc disparaître avec la possible mort de mon père ? J'ai des frissons. Faut-il faire mourir son enfance pour être adulte ? Je ne veux, ni ne peux le croire. Ne pas tuer l'enfant trop vite, le regarder dormir, encore un peu. Étrange paradoxe, on compagnonne avec l'enfant secret, et il faut être fort pour d'autres enfants, parfois pour des adultes perdus qui attendent tout. Maman, mes sœurs, les enfants m'interrogent du regard, comme ils le faisaient quand papa était au milieu d'eux, bien vivant. Je dois être, il faut que je sois grande et forte.

— Toi qui sais...

Mais qu'est-ce que je sais ? Si peu, voire rien. En tout cas, pas plus que d'autres. Je suis aussi démunie, mon cœur peut avoir autant de chagrin, sauf que la grande ne peut pas, ne doit pas le montrer. Il faut protéger, aider, écouter.

Quelques pas dans la nature pour aérer l'esprit, chasser les idées noires. J'aime ces promenades dans les champs qui s'étendent au-delà du lotissement.

Quand le souffle du soir répond à mes pensées agitées. Quand le regard peut se poser, quand la terre se prépare à la nuit et exhale les parfums de la journée. Le blé, l'avoine ont déjà été moissonnés. Ce soir, le maïs tremble un peu au passage du vent. J'aime ces terres proches de la Normandie et de ses rondeurs verdoyantes. Autour de moi, les collines du Vexin un peu plus basses que celles qui bordent Frouard, Champigneulles, Pompey. D'un côté, le charme de Chapet, de Bures par-dessus l'autoroute de Normandie, de l'autre, le plateau des Alluets, Orgeval... La même impression de vert qu'en Lorraine. Quand papa venait en vacances chez nous, il me le faisait remarquer.

— Ici, je ne suis guère dépaysé. Y'a de la nature, des forêts, des champs et la Seine pas très loin.

Pauvre papa entre deux pays, entre deux jardins, que penses-tu de tout cela, pourras-tu me le dire un jour et comment ? C'est difficile d'avancer dans la vie quand on ne sait pas où on va. Qu'est-ce que je peux faire pour toi ?

Ce n'est rien, laisse les choses se faire.

Je n'ai pas rêvé ce 19 août. J'ai vérifié auprès de maman. J'ai entendu cette phrase au moment même où papa avait son malaise. A-t-il pensé à moi à ce moment-là, à moi qui devais venir et avais reporté mes vacances ? S'est-il résigné à ce contretemps et a-t-il accepté de suivre la camarde ?

Laisse les choses se faire.

A-t-il voulu me rassurer ? Et maintenant, où est-il ? Qui est à ses côtés dans cet étrange pays qui s'appelle coma ? Je lève les yeux au ciel, je voudrais que les nuages me répondent, je voudrais voir les maïs s'agiter davantage, entendre chanter les oiseaux, mais après fin juin, le jour décroît et ils se taisent. Je suis seule ce soir face à mes interrogations. Le Dieu que mon père sert depuis trente ans est bien silencieux à mon égard. En cet instant précis, j'espère de toute mon âme qu'il ne l'est pas pour papa.

*

Comme c'est difficile d'obliger mes petites méninges à tourner et à s'agiter pour des choses très précises. Comment se lancer dans le travail ? Prévoir la rentrée littéraire. Préparer les émissions de radio. Les livres tout neufs, certains sortis de leur emballage, d'autres, en attente, sont disposés en pile sur et sous le bureau. Tant de mots et de maux dans ces pages sur lesquelles se sont penchés les auteurs. Qu'ont-ils éprouvé en écrivant ? Avaient-ils le cœur battant, exalté, désespéré aussi ? Le besoin de dire, de rêver, de créer des liens. Chaque livre raconte une histoire et en fait naître d'autres.

Les attachées de presse commencent à se manifester. Elles gèrent les agendas des auteurs consciencieusement. Est-il sage de fixer des rendez-vous si je dois les annuler ensuite pour me rendre d'urgence au chevet de papa au cas où son état empirerait ? À cela s'ajoutent les rencontres avec Matthieu pour ses mémoires, le tirage des pages recorrigées à réincorporer. Sans être une spécialiste, je mesure la somme de travail fourni, la passion qui est la sienne et le bonheur d'être parvenu à ce niveau d'étude et d'observation. Il va remettre son travail au jury qui le convoquera, l'interrogera. Ensuite le jury statuera et lui donnera sans doute son DEA avec une mention. Je frissonne en songeant à papa. Que saura-t-il du succès de son petit-fils ? Rien ? A mesure que passent les jours, les chances de le voir revenir à la vie s'amenuisent.

*

— Trouves-tu le temps d'écrire malgré toute ton agitation ? Tu ne dois pas abandonner ton roman, tu as presque terminé.

C'est d'abord un long silence qui répond à la question inquiète de mon amie. Je n'ai pas vraiment envie de parler de moi, je ne peux pas. Dans ma tête, oui, oui, Hortense, ce roman se fait, mais si lentement. Dans ma tête, oui, oui, bien sûr Hortense, tu as raison, je le sais, il manque si peu pour que je puisse écrire le mot fin. Mais en ce temps d'attente et de latence, en ces jours où nous restons figés, je n'ai que le souffle court et le cœur battant.

À quoi bon dire mes hésitations ou mes espérances ? J'écoute. Raconte-moi, Hortense, dis-moi ton été, ton travail obstiné pour labourer la terre des mots et faire pousser les phrases, ordonner le paysage des pages, les éclairer de soleil, de lune ou y faire tomber la pluie. Ouvre-moi la porte de ton pays, évoque pour moi la douceur de ta Saintonge aimée.

Hortense vit pour et par l'écriture depuis si longtemps. Mangée par les miens, j'en suis bien incapable. Sans doute ne suis-je pas faite pour cela ?

Pas encore. Écrire, c'est du temps volé à tout le monde, au mari, aux enfants, au patron, à soi-même parfois quand on se prive de repos ou de sorties pour entrer dans l'imaginaire ou voir au-delà du réel et réinventer le monde.

Mercredi 30 août

Comme chaque matin, je téléphone à 6 h 45 à l'hôpital, avant le départ de l'équipe de nuit et avant l'installation de celle de jour. Chaque jour, avec infiniment de gentillesse, le médecin m'explique où en est papa. Il ne triche pas. Ensuite j'appelle maman et l'informe de l'état de santé de papa. Maman écoute dans le silence et se prépare à affronter une nouvelle journée. Elle ira le voir. Une véritable chaîne de solidarité s'est mise en place autour d'elle. Quelques-unes de mes sœurs sont de retour de vacances, comme d'autres cousins, cousines, neveux, nièces, amis très proches.

Les nouvelles concernant papa ne sont pas excellentes. État stationnaire après beaucoup d'inquiétude. La respiration est difficile. Le cœur est parfois faible. À présent tout est rentré dans l'ordre, affirme le médecin. Mais qu'est-ce que l'ordre quand un homme est dans le coma ? Sont-ce les tracés réguliers des différentes courbes, la respiration calme, comme le pouls, le débit de la perfusion, l'écoulement du sang qui bloque le bon fonctionnement du cerveau ? Tout est rentré dans l'ordre.

La mécanique du corps fonctionne, tandis que la conscience reste mystérieusement prisonnière, captive derrière une barrière que la haute technologie médicale est bien incapable de libérer.

Vendredi 1er septembre

Sauter dans un train, rejoindre Frouard, courir jusqu'à l'hôpital Saint-Julien, croiser Geneviève et ses enfants, leur permettre de retrouver Orléans, la rentrée est toute proche pour ces petits bouts de chou qui ne réalisent pas vraiment ce qui se passe malgré les explications données. Pierre, autant qu'Anne-Marie ou Jean-Paul sont inquiets et l'expriment chacun à sa façon.

— Est-ce que grand-père va guérir bientôt ? questionne Pierre.

Anne-Marie dessine la maladie, comme elle l'imagine.

Jean-Paul voudrait en faire autant. Il tient son crayon droit sur sa feuille de papier et attend de l'aide. Il a le regard sombre, lourd, et le pose sur l'un ou l'autre. Pendant le mois de juillet, il a vu son grand-père. Ils ont joué ensemble comme peuvent le faire un grand-père et son petit-fils. Le grand-père a peut-être dessiné pour lui. Il lui arrivait de le faire pour mes sœurs et moi-même quand nous étions enfants et ignorions les perspectives.

— Comment on dessine une table où on voit les quatre pieds, et le dessus, comme sur une photo ?

Et un chien, un chat, un mouton, un cheval, allez papa ?

Petite fille, je n'avais pas besoin de le supplier, car c'était pour l'école et il voulait que j'aie le plus beau cahier de dessin, la meilleure note — c'était un peu sa revanche sur ses années grises. Il m'aidait à illustrer mes cahiers de poésie. Il m'apprenait à reproduire un modèle en quadrillant le dessin à copier. Ensuite dans un cadre quadrillé lui aussi aux mêmes dimensions, il m'expliquait qu'il suffisait de bien ouvrir l'œil, d'aller lentement avec mon crayon, sans appuyer afin de pouvoir gommer sans faire de saleté si on se trompait, avancer millimètre par millimètre en regardant bien où passait le museau du chien, ou la bosse du chameau, le sommet de la colline, dans le quadrillage, en haut du troisième carreau de la deuxième rangée. On pouvait ainsi reproduire presque parfaitement le modèle. Le dessin obtenu était correct, les proportions aussi. Quand nous avions réussi, quelle fierté pour mon père ! Il se sentait utile, car il pouvait nous enseigner son art.

Il était peu allé à l'école mais se souvenait de quelques récitations ou fables qu'il déclamait avec le juste ton, donnant au passage quelques explications. Toujours les mêmes. Si, par bonheur, il retrouvait dans mon cahier l'un de ces textes, il était fou de joie.

Le Laboureur et ses enfants illustrait parfaitement ses théories : la richesse ne s'obtient qu'à la force du poignet.

Après la bataille de Victor Hugo — extrait de *La Légende des siècles* — qu'il savait par cœur, et commence par :

Mon père, ce héros au sourire si doux,
Suivi d'un seul hussard qu'il aimait entre tous
Pour sa grande bravoure et pour sa haute taille,
Parcourait à cheval, le soir d'une bataille,
Le champ couvert de morts sur qui tombait la nuit.

Je revois mon père réciter, mimer ce poème, nous inciter à compatir pour *ce pauvre Espagnol de l'armée en déroute sur le bord de la route en train de gémir « À boire, à boire »* et qui, traîtreusement, se saisit de son pistolet pour tirer sur l'homme qui va le secourir. Oui je revois mon père, je l'entends s'écrier très théâtralement :

Caramba !
Le coup passa si près que le chapeau tomba
Et que le cheval fit un écart en arrière
« Donne-lui tout de même à boire », dit mon père.

Il en profitait pour dégager la morale du texte et nous enseigner à sa façon le pardon, l'honneur.

— Aux portes de la mort, il faut respecter l'ennemi. On ne frappe pas un homme à terre qui s'est battu pour son pays.

Mon enfance était déjà loin lorsque j'ai découvert comment il avait réussi à apprendre cet extrait de *La Légende des siècles.* Lui qui était si peu allé en classe l'avait retenu rien qu'en entendant ses aînés le réciter. Il était très sensible à quelques poésies de Verlaine, dont *Le ciel est, par-dessus le toit, si bleu, si calme...*

Car il savait que le poète était né à Metz. C'était donc un gars du pays, enfin presque, et surtout il avait connu l'expérience de la prison après un soir de beuverie. C'est pendant son séjour en prison qu'il avait écrit cette poésie, et d'autres bien sûr. Quelque part, mon père devait se sentir proche de lui.

— Les pauvres gens ne savent jamais se défendre et pour la moindre faute finissent au trou. C'est comme dans *Les Misérables.* C'est bien la même chose, pour une miche de pain le pauvre Jean Valjean va aux galères.

Mon père avait vu l'adaptation des *Misérables* au cinéma parce que Jean Gabin, son acteur préféré, y incarnait Jean Valjean.

La Fontaine, Verlaine étaient au programme de l'école primaire, papa et moi avons donc pu *labourer* ensemble la terre des mots avec *Le Laboureur et ses enfants,* compatir pour le pauvre prisonnier qui voit le ciel par-dessus le toit. Il jouait ainsi son rôle de père. Il fut cependant bien déçu de ne pas voir figurer *Après la bataille* dans mes cahiers de poésie. Je le privais de deux rôles : réciter ces vers qu'il connaissait si bien (il le fit pourtant) et illustrer mon cahier. Il avait envie d'y dessiner un superbe cheval. Papa se rattrapa avec ses neveux. Plus tard, en cinquième, toujours extrait de *La Légende des siècles* de Victor Hugo, j'appris *Conscience,* racontant la fuite de Caïn après l'assassinat d'Abel. Mon père m'écouta attentivement et je lui expliquai que ce texte avait été écrit par le même auteur que *Après la bataille.* La Bible et ses légendes ainsi que les personnages mythiques avaient inspiré Hugo. Il fut très intéressé par le dernier vers.

L'œil était dans la tombe et regardait Caïn.

Il en dégagea la morale : où que l'on se cache, nos mauvaises actions nous poursuivent. D'où le remords auquel personne ne peut échapper. Être seul face à sa conscience. Ce remords-là est bien plus terrible que toutes les punitions.

Samedi 2 septembre

Le lit est vide à côté de papa. La femme qui gisait là depuis deux semaines n'y est plus. Est-elle sortie du coma ? Se trouve-t-elle dans un autre service où, peu à peu, elle va réapprendre le soleil, la pluie, le vent, d'un regard et d'un frisson ?

Papa n'a pas bougé. Une petite semaine sans le voir et je le découvre posé dans des draps impeccablement tendus sans l'ombre d'un faux pli. Je remarque cependant qu'on lui a retiré un des tuyaux du nez et que dans le cou, sous le menton, s'en trouve un autre, plus gros. On lui a fait une trachéotomie. L'infirmière qui nous rejoint explique qu'on ne peut pas continuer à lui passer trop de tubes par le nez. Qu'il est trop irrité. La trachéotomie, c'est pour son confort. Il réagit donc à la douleur ? J'interroge, je guette les signes, l'ombre d'un changement, le petit point de lumière qui va déchirer la nuit. Elle secoue la tête négativement.

— Non, cela ne signifie rien. On anticipe, c'est tout.

Elle me dit aussi que la dame du lit à côté est morte dans la nuit.

— C'était prévisible, on ne pouvait pas atteindre son anévrisme pour le refermer.

Pour mon père aucun pronostic n'est possible. Il est vrai qu'aucun signe d'éveil ne se produit, malgré les stimulations diverses dont il est l'objet. Le pied droit bouge parfois, mais c'est un simple réflexe, bien insuffisant pour que l'on puisse dire qu'une amélioration s'est produite.

Il s'est passé beaucoup de choses cette semaine, je les raconte à papa, la reprise du travail, les livres à lire. Matthieu a rendu ses mémoires. Le jury va s'atteler à leur lecture. Matthieu est donc dans l'attente de la convocation. Je narre aussi à mon père les effets du plan de sécurité déclenché pour lutter contre les actes de terrorisme. Les fouilles dans les magasins, les gares... Les trains qui prennent du retard quand un plaisantin affirme qu'une bombe est à bord. Naturellement, je redis à papa que nous veillons sur son jardin et qu'il devrait le retrouver en l'état. Comme il fait toujours délicieusement beau et que les rosiers n'ont pas manqué d'eau, car ils ont été bien arrosés, de nouveaux boutons surgissent. Les rosiers se préparent pour célébrer son retour et sa guérison. Ah oui, il devrait se hâter de guérir. On a tellement de promenades à faire tous ensemble. Marguerite nous attend en Alsace. Les plages de Normandie aussi. Et puis le quetschier d'Ecquevilly, un peu malade. J'avoue ne pas savoir le traiter efficacement. J'aurais bien besoin des conseils de mon père. Tout n'est pas dans les livres, il le dit assez. Il avait raison, je le reconnais, oui *mea culpa,* la terre du Vexin et des portes de la Normandie n'est pas bonne pour les arbres fruitiers de l'Est. Tant pis pour moi, mais j'avais tant besoin de l'Est sur cette terre de pommiers.

Je parle à mon père, je lui parle en touchant ses épaules, en caressant sa joue du bout des doigts, avec, bien évidemment, le secret espoir de le voir ouvrir un œil, sourire. Mais non, rien. Je poursuis malgré tout mon bavardage. J'imagine que ce que je viens de lui dire l'a fait bondir, ou l'a conforté dans les leçons qu'il me donnait et que je ne suivais pas toujours. Me voici obligée de me défendre.

— Mais non, papa je ne fais pas n'importe quoi. J'ai le manque c'est tout, comme tu disais quand j'étais petite fille et que le médecin essayait de te faire comprendre que j'étais un peu trop menue, maigre même. J'ai le manque de chez nous. Alors la vision du quetschier me fait du bien, tu comprends ? Tu le sais bien toi qui disais toujours que si on m'éloignait de chez nous j'aurais le manque.

— Elle aurait besoin de changer d'air, avait dit un jour le médecin après m'avoir auscultée. Envoyez-la en colonie de vacances, chez des amis, là où l'air est vif.

Il n'y avait pas d'argent à la maison pour partir, alors papa et maman expliquaient que j'étais si fragile, si attachée à eux, que le remède serait pire que le mal.

— C'est pas possible, docteur, elle aurait le manque. Rien que d'aller dormir chez ma mère à l'autre bout de la cité, quand on reçoit la tante de ma femme pour quelques jours et qu'il faut libérer un lit, c'est toute une affaire. Tenez, la dernière fois, ma mère est venue en pleine nuit, parce qu'elle arrêtait pas de pleurer. Elle avait fait des cauchemars. Si je l'envoie quelque part, trop loin, pour qu'on puisse aller la rechercher dans la même journée, elle est capable de se laisser mourir de faim. Je la connais. Déjà qu'elle mange pas plus qu'un petit moineau.

Mon père ne manquait pas d'arguments pour amener ses interlocuteurs à ses raisons. Maman et lui avaient tellement besoin d'avoir une enfant qui les aime plus que tout, que je me suis efforcée de correspondre à cette image. Secrètement, j'eusse aimé leur arracher quelques jours au bord de la mer, ou à la montagne, j'aurais eu quelque chose de vrai à raconter aux copines à la rentrée des classes. J'aurais eu de quoi remplir mes copies à la composition de rédaction. Au lieu de cela, je devais faire appel à mon imaginaire, inventer — de ce côté-là il n'y avait pas de manque. Mais surtout, il fallait que ma rédaction soit moyenne puisque les meilleures rédactions étaient lues en classe. Sinon, les filles des cités auraient dit :

— Maîtresse, c'est une menteuse. Elle est pas partie. Ils ont pas de sous. Ils ont trop de dettes à l'épicerie.

Maman ne s'est jamais vraiment remise de la mort de leur première enfant, et redoutait le pire pour moi dès que j'étais loin du foyer. Sans cesse elle songeait à Marie-Thérèse cette enfant qui aurait le même âge que ma cousine Annie. Les deux belles-sœurs avaient attendu ensemble leur fille, avaient ri ensemble. Chaque fois que maman voyait sa nièce, elle songeait à la petite Marie-Thérèse, si belle, si désirée. Ma naissance l'avait-elle consolée ? Et Grand-mère Mélie, elle aussi attachée à ce joli bébé ? Elle en parlait avec amour. Elle évoquait ses cheveux bouclés, ses yeux magnifiques.

— Tu lui ressembles pas !

J'étais sans doute très moche, c'est pour cela qu'elle était si dure avec moi. Pour me distinguer, je marchai très tard, à vingt-deux mois. Tout le monde en parle encore. Quand je m'y essayais, risquais quelques pas dans le vaste monde, j'avais le pied gauche tourné vers l'extérieur. Je fus aussi très malade à huit mois, à dix-huit mois. Peu après, maman donna naissance à un petit garçon, son rêve de toujours disait-elle. Sa joie fut de courte durée. Jean-Luc ouvrit les yeux sur le monde pour les refermer trois heures après sa naissance. Superstitieuse, maman se crut punie par le ciel, maudite même. Il me reste une étrange impression de cette époque. La peur de leur déplaire. Malgré tous mes efforts pour séduire les miens, capter leur attention, jamais je ne fus ni leur belle petite Marie-Thérèse, ni leur Jean-Luc rêvé. Eux ne les décevraient jamais. Tandis que moi, j'osais vivre.

*

J'ai tendu ma blouse en soupirant à l'infirmière après avoir quitté la salle de réanimation. Combien de temps à vivre ainsi suspendue entre espoir et chagrin ? Lui, il est encore inscrit au registre des vivants. La dame d'à côté elle, elle est morte. Nous croisons son mari, comme nous sortons. Il vient à l'hôpital pour des formalités, il est hagard, effondré et pourtant nous arrête.

— J'ai tellement cru qu'elle s'en sortirait. C'est si difficile, balbutie-t-il. Nous commencions à nous retrouver, maintenant que les enfants avaient grandi. Pourquoi meurt-on ainsi à même pas cinquante ans ?

Sa fille est à ses côtés, elle a pris son bras et l'entraîne doucement. Un petit signe de tête pour nous dire au revoir. Ils ont des adieux à régler pour Lucie, elle s'appelait Lucie. Cette nuit, leur lumière s'est éteinte avant la naissance du jour.

Je ne sais pas ce que pense maman. Elle dit simplement :

— Le pauvre homme, comme il a du chagrin.

Imagine-t-elle qu'elle peut vivre la même chose ? Comment réagira-t-elle si papa baisse la garde ? Elle répète :

— Je vois sans cesse notre vie défiler.

Mesure-t-elle aujourd'hui l'amour fou que papa nourrissait à son égard ? Fou mais tellement maladroit.

*

Sur le quai de la gare nous accompagnons Geneviève qui s'en va retrouver son mari. Elle se tait. Son visage est lisse comme une feuille, son regard est ailleurs. Elle voudrait à la fois ne pas quitter cet homme qui disait d'elle : « Elle est ma petite dernière, ma petite tard-venue », et se blottir au creux des bras de son époux pour qu'il console le gros chagrin qui enserre son cœur. Le train est à quai. Elle monte à bord, s'assied contre la vitre, nous regarde encore et agite discrètement la main.

— Il ne faut jamais rester séparés longtemps, murmure maman.

Et elle ajoute soudain, le regard perdu dans la brume des ans :

— Je n'aime pas les gares. Il y a ceux qui partent et ceux qui restent sur le quai.

Que sont les gares quand on est fille de cheminots ? Maman a beaucoup pris le train dans son enfance. D'incessants va-et-vient entre l'Alsace et la Lorraine. Quitter Nordhouse, Limersheim, Erstein lui brisait le cœur. Quand ce fut définitif et qu'elle dut s'installer auprès de Lise et Albert, ses parents, là où, normalement, elle aurait dû grandir, son univers s'effondra. Est-ce à cela qu'elle pense aujourd'hui ? Ou à papa, un jour de septembre, il y a tout juste cinquante ans, qui l'attendait dans cette même gare alors qu'elle revenait de Mattaincourt.

Il attendait sa Jeanne, sa jolie brunette, Roger. Il n'avait pas oublié. Il l'attendait sûr de lui, heureux, follement heureux, car il avait réuni tous les papiers nécessaires pour leur mariage. Lui qui savait à peine écrire. Lui à qui elle avait dit :

— Ce sera très compliqué Roger, je suis alsacienne et il faudra, en plus de l'acte de naissance, obtenir un certificat de réintégration, l'Alsace est redevenue allemande entre 1940 et 1944. De toute façon, mes parents sont nés avant 1914, sous les lois allemandes.

— Nous y arriverons. Nous ne devons pas être les premiers dans ce cas.

Jeanne voulait seulement gagner du temps en espérant qu'il se découragerait. Elle avait peur de l'avenir, elle n'avait pas confiance en elle. Roger tentait de la rassurer.

— Je suis là.

Pendant l'absence de Jeanne, Roger mit ses plus beaux vêtements, se rendit à Bouxières-aux-Dames, au domicile de Lise et d'Albert, pour faire sa demande en mariage. Mélie l'accompagnait. Il fallait mettre les formes. Lise était déjà très malade. Ce garçon avait l'air gentil, travailleur. Si elle eut un petit pincement au cœur en songeant que Jeanne aurait, peut-être, pu trouver quelqu'un qui lui corresponde mieux, qui partage ses attentes, ou ait davantage de biens, elle n'en montra rien. Elle observa Roger et sa mère pendant qu'elle leur préparait le café. Il avait l'air brave. Après tout, autant lui qu'un autre. Elle se sentait si lasse, épuisée par la toux. La maladie s'était installée et ne voulait pas céder le terrain. Les traitements demeuraient sans effet. Lise avait-elle d'ailleurs envie de vivre ? Que Jeanne ait enfin un mari la rassurait. Elle pouvait donc doucement glisser vers les rives mystérieuses de l'après, puisqu'elle n'aurait plus à se soucier d'elle, comme de sa cadette, déjà promise. Quant à son fils, c'était déjà presque un homme. Son avenir était tout tracé, il entrerait aux Chemins de Fer, comme son père. Tout était donc pour le mieux.

Lise s'assit face à Roger et à Mélie. Albert venait d'arriver. Il connaissait un peu Roger, l'avait quelquefois croisé chez Germaine au café des Trois Marronniers. Ils avaient des amis communs. Albert n'était pas très compliqué. Il ne fit aucune opposition et accorda la main de Jeanne en présentant néanmoins ses excuses. Les biens de la famille se résumaient à quelques terres situées en Alsace et le moment du partage n'était pas encore venu. Roger affirma qu'il se moquait éperdument de savoir si Jeanne pouvait prétendre à un quelconque héritage.

— Je ne vous demande rien, que la main de Jeanne. Je travaillerai pour elle.

— Marché conclu, répondit Albert jovial. Ça s'arrose mon gars, un petit coup de blanc, d'Alsace, bien sûr.

— Y'en a plus, coupa Lise, tout a été bu la semaine dernière. Tu as déjà arrosé la promesse des fiançailles de Thérèse, celles de la fille de la voisine, de ta nièce après le passage du facteur et...

— Alors, jeune homme, vous reviendrez. On va se réapprovisionner et nous arroserons notre accord.

Lise toussa pour rappeler son époux à l'ordre. Et Albert se contenta du café et des biscuits.

Sur le chemin du retour, Mélie fit ses commentaires.

— Qu'est-ce que t'en penses, la mère ? interrogea Roger.

— Ils ont une belle salle à manger, ah ça oui, avec un buffet sculpté qui vaut des sous, mais dans le porte-monnaie les doublures doivent se toucher. T'auras rien à prétendre. T'aurais peut-être dû accepter la Ninie des Cités du Maroc ?

— Mère, la Ninie est bien gentille, mais c'est pas mon genre. Je l'aime pas, si tu veux savoir.

— L'amour, ça vient après le mariage. Tu croyais peut-être que ton père m'aimait quand ma sœur a parlé pour moi ? Il ne m'avait jamais vue. Et je savais même pas comment était fait un homme. Il avait presque douze ans de plus que moi et voulait une jeune fille propre. La Titine, ma sœur, déjà mariée à son copain a pensé à moi. J'avais quinze ans, je rêvais encore de la poupée que j'avais jamais eue et je suçais mon pouce pour m'endormir. Titine s'est dit que si elle arrivait à me trouver un mari, elle n'aurait plus à s'occuper de moi les dimanches, jour de sortie du couvent où je me trouvais depuis la mort de nos parents. Le mariage, j'ai sauté dessus, ou plutôt je suis tombée dedans. Trop contente d'avoir mon chez-moi et d'échapper aux religieuses du couvent. J'ai seulement demandé deux choses à Lucien. Une plus belle alliance que ma sœur qui n'avait eu droit qu'à un anneau d'argent, et une robe en moire, comme la nièce de la supérieure qui faisait sa pimbêche quand elle venait embrasser sa tante-chère-sœur. Lucien s'est exécuté. Disons que je n'ai pas été malheureuse et qu'il est parti bien trop tôt.

Roger écoutait sa mère d'une oreille distraite. Son père lui avait manqué. Avec lui, il était patient et lui avait tout appris des choses des bois et de la terre. Mélie pouvait bien continuer encore et encore son verbiage. Lui ne pensait qu'à Jeanne, sa petite brunette d'un soir de liberté alors que mai éclatait de senteurs. Il était heureux, vraiment heureux. Jeanne ne pouvait plus dire non puisque Lise et Albert avaient dit oui. Lise avait même écrit à sa fille.

— Puisque vous irez voir Jeanne à Mattaincourt, vous lui donnerez ma lettre.

Honoré par la confiance de Lise qui n'avait pas cacheté sa lettre — suprême politesse —, Roger avait accepté. La lettre était écrite en allemand. Lise n'était pas assez sûre de son français et ne voulait pas être ridicule face aux gens de *l'Intérieur*.

*

Jeanne s'apprêtait à partir en promenade avec les jeunes demoiselles dont elle avait la garde quand elle aperçut, le long de la petite route bordant la propriété, un jeune homme qui allait et venait et regardait vers cette belle demeure de vacances. Était-ce possible ? Roger, c'était Roger ! Il était venu jusqu'à elle ! Son cœur se mit à battre jusque dans ses tempes. Elle fut touchée par tant d'audace. Elle ne sut pas qu'il avait préféré venir lui rendre visite plutôt que de lui écrire. Il ne voulait pas qu'elle se rendît compte de sa faiblesse. Il faisait des fautes, beaucoup de fautes. Il ne voulait pas qu'elle pût avoir matière à rire ou qu'elle se détournât de lui. Il l'aimait trop. Il ne voulait pas la perdre.

Jeanne alla frapper à la porte de Madame pour l'avertir de l'arrivée du jeune homme et lui demander la permission de le recevoir un bref instant. Elle montra son embarras en rougissant. Elle assura ne pas l'avoir invité. Il était juste de passage et elle était désolée de manquer à sa promesse envers les jeunes demoiselles. Madame se mit à rire. Jeanne rougit plus encore.

— Je garderai Hélène et Sophie. Elles feront la promenade avec moi. Je pense que ce sera moins drôle pour elles. Prenez donc votre après-midi, sans trop taquiner le guilledou, n'est-ce pas ?

Ah comme il était heureux Roger de retrouver Jeanne qui lui servait de guide ! Quelle belle nature ! Il aimait les grands sapins qui s'élançaient vers le ciel.

Il observait leur tronc. C'étaient de beaux arbres sains sans l'ombre d'une maladie.

Gourmande, Jeanne avait repéré des parterres de myrtilles dans les sous-bois. Elle y entraîna Roger en toute innocence. Et lui, intimidé, n'osa rien. Elle avait dit :

— Pas avant le mariage, Roger.

Il avait promis de ne jamais lui manquer de respect. Mais il s'enhardit, caressa sa nuque, effleura ses lèvres. Elle ne se déroba pas. C'est alors qu'il lui tendit la lettre de Lise.

— Vous êtes allé voir ma mère ? Et elle vous a reçu ?

Jeanne lut. Roger guettait ses réactions. La lettre donnait à Jeanne la permission d'épouser ce garçon. Mais Jeanne devait savoir que Lise et Albert ne pourraient pas l'aider. Il n'était pas question de demander quoi que ce soit à Philomène à Nordhouse, maintenant qu'elle était veuve. Ce serait inhumain de l'obliger à vendre l'une ou l'autre terre. Déçue, Jeanne ? Non. Elle n'espérait rien. Elle eut seulement peur, car si elle était touchée par l'attachement que lui manifestait Roger, elle sut qu'elle ne pourrait pas éternellement repousser à plus tard ce mariage auquel le jeune homme aspirait de toutes ses forces. Le mariage était la fin de l'insouciance et Jeanne en redoutait les pièges. Elle promit à Roger, après un baiser qui ne la laissa pas indifférente, qu'elle ferait les démarches pour réunir les papiers nécessaires à leur mariage. Mais elle eut soin de lui rappeler qu'il pouvait encore dire non ; si tel était le cas, elle ne lui en voudrait pas. Elle craignait tant de le décevoir, d'être une mauvaise épouse. Il rit et la serra contre lui, en songeant qu'il irait voir Marcel, un copain qui savait bien écrire. Il l'aiderait à obtenir le certificat de réintégration, et Jeanne serait fière de lui.

*

Trois semaines plus tard, Jeanne était attendue sur le quai de la gare à Nancy. Roger arborait un sourire jusqu'aux oreilles et agitait une enveloppe.

— Jeanne, devinez ce qu'il a dans cette enveloppe ? Nos papiers pour le mariage ! C'est une bonne surprise n'est-ce pas ? Et vous ne savez pas tout ? Le certificat de réintégration n'est pas nécessaire. Lise, votre mère, m'a dit que vous êtes née à Belfort où votre père avait été muté par les Chemins de Fer. Votre acte de naissance a suffi. J'ai écrit à la mairie de Belfort et je l'ai obtenu. Nous n'avons plus qu'à passer la visite chez le médecin et à faire publier les bans.

Les dés étaient jetés. Jeanne sourit. Roger ne perçut pas le manque de lumière dans les yeux de sa brunette. Sans doute parce que le quai était à l'ombre en ce début septembre. Elle essaya de se rassurer : si l'avenir lui faisait peur, elle pouvait être certaine de l'amour de ce jeune homme, de sa ténacité.

Elle ignorait que le désenchantement viendrait lorsqu'il lui faudrait d'abord vivre chez Mélie pendant trois ans avant d'obtenir un petit deux pièces à l'autre bout de la cité. Mélie ne lui passerait rien et Roger ne saurait pas toujours défendre celle qu'il aimait. Il culpabiliserait souvent, tenterait d'oublier ses lâchetés dans un verre de vin rouge parfois tendu par Mélie. Il demanderait souvent pardon, ferait de menus cadeaux. Jeanne resterait accueillante, attentive.

Elle s'était mariée pour le meilleur et pour le pire. Elle n'avait pas eu de chance, elle avait d'abord rencontré le pire, le meilleur viendrait ou ne viendrait pas. Elle ne songeait pas à partir. Quand on n'a pas un vrai métier, on reste. D'ailleurs, quand la parole est donnée devant Dieu, il n'est pas question de la reprendre.

Mardi 5 septembre

Le plus difficile c'est de parvenir à se concentrer sur les livres de la rentrée. Dix fois, vingt fois je les prends en mains, en lis le titre, la quatrième de couverture. Je les ouvre, les feuillette... Jean Carrière, Jacqueline Harpmann, Hector Bianciotti, Malika Mokeddem, Michel del Castillo, Christian Bobin, Bernard Chambaz, Vassilis Alexakis, Christine Angot... Les rendez-vous sont pris pour des interviews. Je m'inquiète : aurai-je la force d'entrer dans la vie de ces auteurs, de les questionner, de les écouter et de mettre de côté mes propres interrogations ? La vie doit se poursuivre comme si de rien n'était alors que mon père est sans doute en train de mourir. Le chirurgien qui l'a opéré est toujours très réservé. Mon père va encore rester quelques jours au service des soins intensifs. Puis sera installé dans une chambre banale, toujours en neurologie, où l'on continuera de le stimuler avant de progressivement l'aider à se séparer de toutes les assistances respiratoire, cardiaque, de clamper la dérivation externe et d'observer, grâce au scanner, ce qui se passe dans son cerveau.

*

Le sommeil a du mal à venir. J'en profite pour lire, pour préparer les émissions du lendemain. Mais, entre les pages lues, c'est l'image de mon père sur son lit d'hôpital qui apparaît devant mes yeux jusqu'à faire écran. Maman continue de recevoir beaucoup de témoignages de sympathie. Bien que le médecin ne lui ait pas caché la gravité de la situation, elle doit supporter les dires de personnes qui, croyant bien faire, évoquent son avenir lorsque papa sera guéri. Elle est perturbée, ne sait plus où elle en est.

Quand elle va jusqu'au jardin, elle laisse couler ses larmes.

— Je le vois partout, je l'entends sans cesse.

À Ecquevilly, je ressens sensiblement la même chose qu'elle tout comme Janine à Metz et Claude à Mirecourt. En Savoie, Marie-Lise se tait. Excès de pudeur ? Quant à Geneviève, à Orléans, elle fait face à la rentrée des classes avec ses trois enfants. Elle et moi attendons les week-ends. Elle évoque les premiers devoirs de Pierre qui a une petite enquête à faire sur le métier des parents.

Je me souviens d'une rentrée des classes où mon père fut mis à contribution pour un exposé à préparer sur son métier. Ce fut d'abord pour moi, et sans doute pour d'autres filles de la classe, l'occasion de découvrir la signification du mot « exposé ». La jeune maîtresse chargée de notre classe innovait dans cette école. Chaque élève irait sur l'estrade présenter devant toute la classe ce qu'était le métier de chaque père. À raison d'une trentaine d'élèves dans la classe, les exposés des métiers s'étaleraient sur un peu plus d'un mois. Nous étions ravies de l'exercice, mais je me tracassai aussitôt. Comment expliquer le travail de mon père ? Pontonnier. Dans la classe, aucun père de famille n'exerçait ce métier. Personne ne viendrait à mon secours. Lorsque je demandais des explications, papa me disait :

— Je conduis un pont roulant.

— Mais qu'est-ce qu'un pont roulant ?

— C'est comme une grue sur des rails suspendus.

Je n'étais guère avancée. Les exposés avaient commencé. Parler du métier de coiffeur, de chauffeur, d'épicier, de boucher, de boulanger, d'employé à la Sécurité sociale, de comptable, de conducteur de train ou de bus, c'est plutôt facile, car ce sont des métiers connus et qu'on peut imaginer. Je voyais arriver mon tour et mon exposé n'était pas prêt. Je crois m'être mise à pleurer en prétextant un mal de ventre abominable pour ne pas aller à l'école. Je sentais que j'allais être très, très malade. Sûrement, la fièvre allait monter, je grelottais déjà. Maman ne fut pas dupe.

— Tu ne pourrais pas lui expliquer ? suggéra-t-elle à papa.

— Elle n'a pas besoin d'y aller sur son estrade. Ça n'intéressera personne, le travail d'un manant sur son pont roulant, lança-t-il énervé.

— Fais-moi un croquis, insista maman, je vais trouver les mots.

Elle l'avait piqué là où il fallait. Il se leva soudain et frappa le poing sur la table.

— C'est pas un croquis que je vais lui faire, c'est un vrai dessin. Fais de la place sur la table.

— Maintenant ?

— Et quand veux-tu que je le fasse son foutu dessin pour son exposé. Faut me prendre quand je suis décidé. On mangera après.

Cela dura longtemps. Les petites sœurs s'étaient déjà endormies deux fois quand maman put enfin mettre les assiettes pour des pommes de terre à *l'étouffée* qui faisaient la gueule, devait dire papa, mais il s'en contenta.

Papa prit toute la table pour déplier plusieurs feuilles de cahier qu'il scotcha sur l'envers. Il demanda mes crayons de papier, de couleur, ma gomme. Il retailla mes crayons, tous, avec son coupe-tout (son Opinel) et se lança dans un dessin fort compliqué, mais très précis. Je le regardais faire, médusée. Il traça d'abord les lignes de sa grue sur rail comme il disait. Il avait esquissé un petit homme dans la cabine de son pont. L'échelle pour y accéder, les manettes avant, arrière, bouton rouge pour lever, bouton vert pour descendre le treuil. Il ne manquait rien à son pont roulant. Il ajouta même le décor. Le parc à tôles, les camions, les garages. Il prenait les mesures.

— Faut la bonne proportion pour que ta maîtresse comprenne.

Quand tout fut terminé, il m'expliqua son travail de chaque jour sur le dessin. Je comprenais tout. Il roula ensuite le papier comme un parchemin, l'attacha par une petite ficelle.

— Tu vois, si ma mère avait eu des sous pour que j'aille à l'école, j'aurais pu devenir quelqu'un, travailler au bureau de traçage, peut-être que j'aurais pu être architecte. J'ai aussi des choses dans la tête, mais un manant reste un manant.

Je ne doutais pas des capacités de mon père. Il dessinait très bien. Il l'avait déjà prouvé à plusieurs reprises.

Quand la maîtresse m'appela pour mon exposé, je bondis sur l'estrade avec mon immense dessin. Elle fut surprise de me voir arriver avec mon rouleau. Je devais avoir les yeux brillants de plaisir.

— Un exposé avec des documents !

Je redoutais quelque moquerie. Mais non. Elle souriait avec admiration en voyant tous les collages de mon père. Elle m'aida à dérouler le dessin qu'elle punaisa sur le tableau. Elle me tendit sa baguette pour que je puisse expliquer à la classe le travail de mon père. Et puis elle invita les élèves à s'approcher par petits groupes pour mieux voir ce magnifique plan. J'étais très fière de papa, soudain. Je me sentais l'égale de la fille de l'épicière, du chef comptable des Brasseries ou du percepteur. J'oubliais toutes les fois où papa revenait ivre de chez grand-mère Mélie. Je pouvais l'aimer sans honte.

*

À quoi songe-t-on après presque cinquante ans de vie commune quand survient une séparation qui augure le passage de la mort ? Maman ne veut retenir que le meilleur de leur vie. Elle a fini par s'attacher à papa. Sa vie s'est construite aux côtés d'un homme qui n'avait pas su, pas pu rompre avec son enfance, une enfance en partie dérobée.

Nous parlons toutes les deux au retour de l'hôpital.

— Partir ? Non, dit-elle. Vous étiez là.

Nous nous faisons un café. Le café, l'odeur, le bruit des tasses et du sucre que l'on écrase, la porte du placard qui s'ouvre pour y dénicher un biscuit, autant de gestes propices aux confidences, autant de gestes qui chassent les brumes du passé. Maman est lucide. Elle est restée auprès de Roger. Sa vie fut rude, une fameuse bagarre pour que cet homme trouve sa place d'homme, et de père. Curieusement, si elle y parvint — c'est sa fierté —, elle eut assez de peine à l'aider à être pleinement l'époux. Peut-être parce qu'elle-même manquait d'assurance. Combien d'années pour se rejoindre ? Ils auraient pu être très heureux. Dans le cœur de papa, il n'y avait pas l'ombre d'un doute, Jeanne, sa brunette d'un soir de mai, tenait toujours la première place. Il continuait à la combler, à lui faire des surprises. Il guettait son sourire. C'est elle qui détournait le regard, soupirait. Bien sûr, il y avait les scènes de ménage. C'était parfois terrible. Les assiettes volaient, le porte-monnaie aussi. Maman avait trop bonne mémoire et reprochait à son mari de vilains comportements qui pouvaient remonter à plusieurs années. Il l'aimait, elle ne pouvait en douter et pourtant elle lui faisait des scènes de jalousie grotesques s'il avait le malheur de plaisanter avec une voisine. C'était comme au cinéma. Sauf qu'au cinéma, ça faisait rire. Chez nous, ça finissait dans la rage et les larmes avant la réconciliation.

— C'est déjà bien beau que je te pardonne...

— Alors on fait la paix, disait mon père, et on n'en parle plus jamais. On efface tout.

— Faut que je puisse oublier.

— Mais puisque t'as pardonné.

Il ne comprenait pas la différence entre le pardon et l'oubli. Il aurait fait tout et n'importe quoi pour elle. Je me souviens de l'achat du moulin à café électrique. Nous étions pauvres. Notre appartement n'était même pas raccordé au gaz de ville. Nous avions l'électricité quand maman avait gardé assez d'argent pour s'acquitter des quittances présentées par l'employé de l'EDF. Quand elle n'avait pas d'argent, papa ressortait la lampe à pétrole et les bougies en attendant que Mélie plonge dans ses économies. Nous, les enfants, trouvions amusant d'être éclairés à la lueur de flammes vacillantes parce que nous ne pouvions pas nous empêcher de souffler dessus. Mais à l'extérieur, on ne s'en vantait pas, par peur d'être moqués. Cela n'a pas empêché papa de faire des économies en vendant à Marius les peaux de lapin, la petite ferraille — les chiffons nous n'en avions pas. On récupérait, on retaillait, les tissus jusqu'à n'en plus pouvoir. Marius passait chaque semaine dans la rue. Il pédalait sur un drôle de vélo à trois roues. Un bricolage qui lui permettait de tirer une charrette en criant d'une voix nasillarde :

— Chiffons, ferraille, peaux de lapin, peaux... et les enfants pas beaux, pas beaux.

Ni mes sœurs, ni moi-même ne voulions aller lui porter les peaux de lapin séchées, car Marius avait des doigts tout noirs. Et puis il y avait les menaces de grand-mère Mélie quand nous n'avions pas été sages.

— Quand le Marius repassera, je vous vendrai à lui, comme de vulgaires peaux de lapin.

On se voyait, Christiane et moi, notre peau séchée pendant sur l'épaule de cet homme. Le dégoût nous venait jusqu'à la nausée. On redevenait subitement sages.

Heureusement, papa m'avait dit la vérité, à moi, la plus grande, un soir où je n'arrivais pas à m'endormir malgré les histoires qu'il nous racontait au bord du lit.

— Marius, c'est le meilleur des honnêtes hommes. C'est pour cela qu'il n'est pas devenu riche.

Mon père lui revendait ses trouvailles, boulons, bouts de ferraille, et gardait les quelques centimes et francs récupérés.

— Les petits ruisseaux font les grandes rivières, déclarait-il en glissant les quelques pièces dans son porte-monnaie. Pas un mot à ta mère. Si elle sait que j'ai des sous, elle viendra me taper et je ne pourrai plus lui offrir de cadeaux.

Un jour de fin mai, il insista pour m'emmener au jardin. Nous avons d'abord soigné les poules, les lapins, avec Mira sur les talons. Le soleil était généreux et nous avons fait un tour de jardin. Il était temps d'enfouir les dahlias, les oignons de glaïeuls. Les premiers semis sous couche commençaient à lever. Et mon père m'apprenait à guetter la progression des jeunes plants. Il dirigeait mon regard, ses doigts effleuraient la terre fine de la couche. On eût dit un médecin qui palpait un ventre. Il mesurait la croissance de ses œuvres. Le vert tendre et fragile des pousses qui se dressaient dru à la surface du sol. J'avais d'ailleurs, entre le pêcher et le pommier, mon petit jardin à moi, avec des fraises, des salades, des carottes et du persil.

— Tu vois ce qu'elles sont devenues les petites graines semées l'autre dimanche. Regarde-les comme elles sont gourmandes, elles cherchent la lumière et le soleil.

Il se tournait ensuite vers les arbres fruitiers. Les fruits des pêchers se formaient déjà et il en auscultait le bout des branches afin d'y déceler les éventuelles attaques de cloque.

— Pour l'instant, c'est bon. Et comme il n'y a pas eu de gelées trop fortes aux saints de glace, ce sera sans doute une bonne année. Maintenant viens jusque sur le tronc, on va compter.

— ... ?

— Ben oui. Il n'y a qu'ici qu'on peut le faire. T'as rien dit à ta mère, j'espère ?

Je secouai la tête et tendis la main.

— Croix de bois, croix de fer, si je mens, je vais en enfer. Je jure, je jure, je jure : j'ai rien dit.

— Bon ça va, arrête ton cirque. Assieds-toi.

Le tronc, c'était celui d'un très vieux marronnier que papa avait fini par couper pour construire le pigeonnier derrière la petite maison des lapins. Quand mes sœurs venaient au jardin avec moi, il nous servait de petite table pour le goûter.

— Parce que tu vas voir la tête de ta mère le jour de la fête des mères. Elle va croire qu'elle rêve.

Et, de sa poche, papa a sorti son porte-monnaie gonflé de pièces. On a fait des piles. Je me souviens, on comptait encore en anciens francs. Il y avait aussi quelques billets de 10 francs que le marchand de journaux avait accepté d'échanger contre des petites pièces. Nous avons compté.

— 1950 francs ! C'est bon, c'est bon. Elle l'aura son moulin à café électrique.

Il exultait, heureux comme un gosse, imaginant la surprise, la joie de sa femme en ouvrant le paquet. Elle serait la première femme des cités à remiser son moulin à café manuel. Le progrès entrait chez nous. Encore quelques jours d'attente. Papa était comme un enfant ivre d'impatience.

Le jour de la fête des mères, il se leva très tôt, comme à son habitude. Il faisait un temps magnifique. Un temps pour aller au bois à la levée du jour. Il partait toujours avant six heures du matin. Auparavant, comme chaque jour, il allumait le feu, préparait le café et portait le bol fumant à sa Jeanne qui dormait encore. Il enfilait sa canadienne, attrapait sa musette et s'en allait avec Mira qui courait joyeusement devant lui, cherchait dans les sous-bois les terriers des renards. Quand papa revenait de son escapade vers huit heures, nous étions déjà levées. Maman finissait de nous habiller. Il passait une tête par la fenêtre pour faire coucou à l'une ou l'autre avant de pousser la porte de la cuisine. Je ne sais pas comment il se débrouillait, mais il rapportait toujours mille choses : une branche d'aubépine, d'églantine, un bouquet de violettes, de primevères, de muguet, ou encore un peu de lilas sauvage, qu'il offrait à sa Jeanne, en tentant de lui faire un gros bisou d'amoureux. Ce jour-là, maman reçut des primevères entourées de pointes de fougère mais elle n'en fit pas grand cas.

— Merci, oui, pose ça, j'ai à faire.

Généralement, c'est moi qui me précipitais jusqu'au buffet pour attraper le petit vase de tante Yvonne. Je le plongeais dans le seau d'eau posé sur l'évier. Je disposais ensuite les fleurs dedans. Les fleurs au milieu et la verdure autour comme *Chez Colette,* la fleuriste, que j'avais vu faire maintes et maintes fois quand j'accompagnais Josiane qui prenait chaque semaine le bouquet commandé pour sa grand-mère. Je déposais ensuite avec d'infinies précautions ce vase à côté de la Vierge sur le bahut. Ça faisait une petite lueur de soleil dans la maison.

Vers dix heures, papa m'emmena jusqu'à la quincaillerie pour acheter le moulin à café convoité.

— Je l'ai fait mettre de côté, c'est plus sûr. Tu verras, c'est le plus beau, un Moulinex chromé. Il ne rouillera pas.

Papa n'a pas pu s'empêcher de marchander auprès de Mme Simone. J'ai eu honte pour maman qui, si elle avait été là, lui aurait dit : On est peut-être des manants comme tu dis, mais pas des mendiants ce à quoi Papa aurait répondu : — Tu sais bien que si les commerçants deviennent riches, c'est qu'ils font du bénéfice. Et le bénéfice c'est bien sur notre dos, non ? Je vais quand même pas me laisser plumer jusqu'à la peau.

Mme Simone a souri et a fait une réduction à papa.

— C'est bien parce que c'est toi, Roger, et qu'on est de la classe tous les deux.

Elle lui fit un clin d'œil. Heureusement que maman n'était pas avec nous sinon elle lui aurait fait une scène à la sortie du magasin.

— Un petit rabais, reprit-elle, car mes prix sont au plus juste. Allez, t'auras de quoi offrir le dessert. C'est la fête des mères...

C'est bien ce qu'espérait papa qui courut acheter un kouglof à la pâtisserie.

Mme Simone avait bien expliqué comment il fallait utiliser le moulin à café. Papa m'avait dit de bien ouvrir mes oreilles. Car je continuerais à moudre le café. Sauf que ce serait quasiment magique. On mettait le café en grains dans le bol. On fermait, on plantait la fiche dans la prise de courant, on appuyait sur le petit bouton situé à la base du moulin. Il valait mieux maintenir le couvercle au cas où. Quelques secondes suffisaient pour obtenir une vraie poudre.

Mme Simone avait dit quelques secondes. Jusque-là, moudre le café avait toujours été une corvée avec notre moulin à café. Ça durait, durait. L'opération prenait bien une demi-heure. Car il fallait moudre le paquet de café en entier et stocker la poudre obtenue dans une boîte en fer pour préserver l'arôme, disait Mélie.

J'étais la chef-café. Car j'en renversais moins que mes sœurs, plus petites. Je m'asseyais sur le petit banc et coinçais le moulin entre mes cuisses avant de tourner. Généralement, l'opération se déroulait bien. Je chantais en m'enivrant de l'odeur. Sauf qu'au cours des derniers mois précédant l'achat de cet appareil magique qui allait révolutionner ma vie, le moulin à café manuel, à la suite d'une maladresse de maman énervée qui l'avait flanqué par terre, s'était fendu au-dessus du petit tiroir qui recueillait le café moulu, et je me pinçais l'intérieur des cuisses en tournant la manivelle. On entendait les grains être broyés. Le moulin grinçait et soudain je laissais échapper un aïe, ouille... Papa avait bien essayé de boucher la fente avec du mastic. Mais ça n'avait pas suffi. Et je continuais à être pincée.

Le cadeau était pour ma mère. Elle serait fière de posséder un appareil moderne avant les autres femmes des cités, mais quelque part, ce cadeau, était aussi pour moi.

Sur le chemin du retour, après être passée sous le pont du chemin de fer, un endroit sombre et effrayant, je sautais en tournant autour de papa sur le trottoir qui longeait les Brasseries.

— Arrête un peu de faire la godiche, tu vas encore décoller les semelles de tes sandalettes.

Lui aussi était heureux.

Je n'oublierai jamais la tête de maman. Aucun son ne pouvait sortir de sa bouche. Elle n'y croyait pas. Mais comment avait pu faire son mari pour réunir de quoi acheter le moulin à café puisqu'elle avait reçu l'intégralité de ses payes ? Papa riait.

— La ferraille, les peaux de lapin, l'économie de tabac... On y arrive.

Les tantes, les cousines, les cousins, les voisines sont venus admirer le moulin à café et boire une tasse du nectar obtenu. Il fallait comparer. Le café était-il meilleur ? Plus fort en tout cas, parce que moulu plus fin. Tout le monde est venu, sauf grand-mère Mélie qui a boudé pendant au moins quinze jours.

— On aura tout vu ! Un moulin à café électrique quand on n'a pas les sous pour payer le courant.

Cela dit, grand-mère a fini par venir, prétextant un rhumatisme dans l'épaule qui l'empêchait de moudre son café.

— Tu vas bien aider une pauvre vieille femme, a-t-elle dit à papa.

J'avais déjà attrapé le moulin sur l'étagère. Elle observait attentivement. Quand sa boîte fut remplie d'une fine poudre. Elle plongea les doigts dedans pour constater que ce moulin faisait du beau travail. Elle revint de temps à autre pour que je transforme les grains en poudre. Quand elle fut familiarisée avec le moulin électrique à force de me regarder faire, elle voulut essayer. Après quoi, convaincue, elle envoya une de mes cousines lui acheter le même chez Mme Simone.

Vendredi 8 septembre

Avant de partir à l'hôpital Saint-Julien, je suis passée par le jardin pour y mettre un peu d'ordre. Malgré mes efforts, le potager, amoureusement entretenu jusqu'au 19 août, a pris un petit air de désolation comme si les plantes réagissaient à l'absence du jardinier. Le moment est presque venu d'étendre un peu de fumure sur les fraisiers toujours très gourmands d'engrais. Les dernières carottes semées agitent leurs fanes. J'essaie de les arracher doucement de la terre encore humide des fraîcheurs de la nuit, mais c'est pour constater leur maigreur. On dirait qu'elles ont bloqué leur croissance. Pourtant je les ai arrosées. Il me semble alors entendre mon père.

— C'est parce que tu ne leur as pas parlé. C'est vivant la nature. Et la nature nous fait vivre. C'est pour cela qu'il faut la respecter.

*

Je viens de terminer quelques lectures dont j'aurai besoin pour les émissions à venir. J'ai aimé suivre Hector Bianciotti dans *Le Pas si lent de l'amour* comme partager la douleur de Malika Mokeddem avec *Des rêves et des assassins,* ou celle de Michel del Castillo hanté par le problème du mal et qui en appelle à Dostoïevski dans *Mon Frère l'idiot.* Ces auteurs viennent d'horizons différents mais ont choisi la langue française pour traduire leur souffrance. L'Argentine, l'Algérie, l'Espagne, des terres de tragédie, des itinéraires différents, des terres immenses et ensanglantées d'où leur plume s'est extraite pour plonger dans l'imaginaire et inviter ainsi leurs lecteurs à les suivre sur des chemins de vertigineuse beauté. Ils ont vécu pourchassés, étrangers aux autres et à eux-mêmes. Ils ont connu l'errance avant de se poser, de s'interroger, de respirer, et d'entendre *les innombrables battements du temps, le brame du vent, l'intime poésie des choses et des êtres* quand la souffrance a été sublimée, quand une réconciliation a été possible.

Que j'aime ces livres quand ils forcent les portes de l'invisible, quand les incertitudes dessinent des paysages où la lumière repousse toute nuit ! C'est alors que l'idée d'éternité déroule ses rubans de brillance, se fait caresse jusqu'au désir de communion, jusqu'à la fusion des âmes ! Je crois brûler d'un intense feu intérieur capable de me soulever au-delà des monts, je suis la feuille morte ou vivante emportée par les vents, mais je suis aussi la messagère, mésange, hirondelle, peu importe, je suis, je serai ; nous sommes, nous serons l'espoir et l'amour par-delà la mort. Mon bonheur est fugitif. Auprès du lit de mon père, je ne peux pas partager avec lui le fruit de mes lectures. Ce que disent ces ouvrages restera à jamais inaccessible pour lui.

Il a pourtant fait un chemin immense depuis son mariage avec sa jolie brunette pour ne pas se sentir inférieur, et c'est bien ainsi, même s'il use et abuse du pauvre manant qui... Il a toujours répété à qui voulait bien l'entendre que son intelligence était restée dans ses mains, à cause de grand-mère Mélie. Preuve pour lui que les fées ne l'ont pas oublié. Et c'est vrai, car son bon sens pratique a épousé des qualités de cœur qui font défaut à tant de personnes bardées de diplômes. Dommage que le diamant soit resté longtemps à l'état brut ; par principe, papa a toujours dit non avant de dire oui.

— Faut savoir être méfiant.

Chez lui, la méfiance, qu'il fait rimer avec prudence, a toujours été élevée au rang de vertu. Au fond, mon père est peu différent des petites gens qui vivent retranchées dans la crainte de se faire avoir. Mais lui eut la pudeur de cacher cette crainte en fanfaronnant quelque peu. Ce qui ne manquait pas de charme parfois.

*

Je songe encore à mon père en refermant le livre de Malika Mokeddem, dont l'héroïne, Kenza, a fui l'Algérie d'aujourd'hui, engoncée dans l'intégrisme et la peur, où les femmes sont méprisées. Un fossé existe entre cette fille et son père qui ne comprend pas l'attirance de la jeune femme pour la culture occidentale. Un fossé béant depuis l'entrée à l'université de la jeune femme qui revendique sa liberté, son indépendance. La situation n'est certes pas la même, je n'ai pas eu à fuir un père violent. Mais le fossé existe pourtant. Un fossé dont il pourrait dire : « C'est moi qui l'ai creusé, puisque je l'ai envoyée aux écoles. »

Comment partager la beauté, l'émotion d'un texte ? Quand il me voyait faire, il savait bien que je lui échappais. Maladroitement, il essayait de me ramener à lui.

— Tu lis encore ? Tu vas t'esquinter les yeux.

— C'est mon travail.

Il restait sceptique, mais n'osait plus me dire que les vrais travailleurs ne portent pas de col blanc, car les vrais travailleurs sont ceux qui se tuent à la tâche, portent des tonnes de ceci ou de cela, s'échinent comme des bêtes.

— Le travail vrai donne de la sueur... Subtilement, il cherchait les degrés de difficultés de lecture. Si on devait se casser la tête sur la lecture, alors oui, c'était sûrement un travail, pour lui en tout cas.

— C'est des choses plus compliquées que le journal ?

— C'est différent.

— Comme tes livres à toi ?

— Oui et non.

— Comme *Papillon* ?

Je crois bien que c'est le seul livre qu'il avait réussi à lire après un déchiffrage laborieux. Il était très fier d'y être parvenu et d'avoir compris, car il connaissait l'histoire de ce bagnard évadé.

— Tu te rends compte, Papillon, il a eu la chance de rencontrer une belle fille comme la Brigitte (Bardot). Elle était belle quand elle était jeune.

Remarque, moi, j'aime mieux les brunes, comme la Sophia (Loren).

Mon père accumulait les livres d'histoire parce qu'il y avait beaucoup de photos ou de reproductions de peinture à regarder. Ces livres-là racontaient « des vies vraies ». Il se divertissait aussi en plongeant dans les bandes dessinées. Il pensait que j'avais réussi puisque j'avais écrit et publié des livres. Il n'en avait lu aucun, ne m'en parlait jamais directement, mais les montrait à toute personne qui venait chez lui. Le médecin, le curé, l'assureur, la porteuse de journaux. Tout le monde en avait les oreilles rebattues du pauvre manant qui avait une fille écrivain.

Comme je voudrais pouvoir le tirer de ce pays étrange où nous ne pouvons apparemment pas le rejoindre !

— Papa, j'ai trouvé un livre sur de Gaulle, encore mieux que ceux que tu as déjà ! Dans ce livre, il y a de superbes photos d'archives anglaises presque toutes inédites en France. Oui, toute l'époque de Londres... Allez, papa, fais un effort, réveille-toi et nous regarderons ensemble.

Mais non, rien, rien. Je constate qu'il a une nouvelle perfusion dans l'autre bras.

— Ce sont des antibiotiques, dit l'aide-soignante, hier soir il avait de la température. Ses bronches sont encombrées. C'est très fréquent chez les patients qui restent longtemps allongés. Les sécrétions ne peuvent pas s'évacuer normalement. Très souvent une infection survient. On la combat justement avec les antibiotiques. Votre père semble avoir une bonne constitution, il devrait surmonter cela.

— Et après ?

Elle lève les yeux au ciel, elle ne sait pas.

Maman est éprouvée. Elle quitte la salle de réanimation lasse, plus lasse que d'habitude. Les larmes coulent lorsqu'elle retire sa blouse dans le sas. Avec Janine qui nous a rejointes, nous lui proposons de faire un tour en ville, d'aller regarder les vitrines des magasins.

— Allez, maman, un peu de lèche-vitrines comme autrefois.

Sa première réaction, c'est de dire non. Elle ne veut pas, ne peut pas, n'a pas le droit d'éprouver un quelconque plaisir si son mari est en train de souffrir. Nous nous y mettons à deux pour lui dire, lui expliquer, la convaincre qu'elle doit continuer à vivre. Si son mari revient de ce lointain voyage, il sera sans doute handicapé, il aura besoin d'une femme souriante, forte.

— Et s'il ne revient pas ? demande-t-elle d'une toute petite voix.

— Il faudra vivre aussi.

— À quoi bon, puisque je serai seule.

— Et nous, et tes petits-enfants !

Nous avons parlé d'un même cœur. L'avons-nous convaincue ? Elle nous a suivies et a même accepté un soda à la terrasse d'un café.

Avant d'aller reprendre la voiture au parking Saint-Sébastien, nous passons devant une quincaillerie. Il y a de tout dans cette vitrine, y compris un séchoir à linge avec la possibilité de le déplier presque à l'infini. Janine s'arrête et éclate de rire, presque en même temps que moi qui l'ai rejointe dans ses pensées. Maman ne comprend pas et nous lance des regards presque furieux. N'est-ce un peu inconvenant d'éclater de rire en pareilles circonstances ?

— Mais enfin pourquoi riez-vous comme des petites folles ?

— À cause du séchoir !

Nous avons encore parlé d'une même voix.

C'est l'histoire du séchoir offert par papa peu après la naissance de Matthieu.

Papa et maman vinrent à Paris conduire Marie-Lise et Janine, quinze ans et quatorze ans, respectivement marraine de Laurent et Matthieu. Elles pouvaient voyager seules. Mais pour papa, la capitale... C'est un lieu de perdition.

— Elles sont tellement gourdes que le premier beau parleur les embarquera et elles se retrouveront à Tanger sans avoir rien compris.

Naturellement, papa ne voulut pas arriver les mains vides. La famille voyagea donc avec un séchoir à linge, un ours en peluche grand comme un enfant de cinq ans, et un énorme camion. Marie-Lise et Janine aidèrent à porter paquets et valises. Papa s'était réservé le séchoir, immense.

— Avec deux bébés, faut ce qu'il faut, répétait-il à la vendeuse.

Maman avait essayé de lui suggérer qu'il eût été peut-être plus simple de me donner l'argent du séchoir.

— À Paris, il doit bien y avoir des quincailleries et des grands magasins, ça nous évitera d'être trop chargés.

— J'achète le séchoir. Comme ça, je suis sûre qu'elle l'aura, des fois qu'elle dépense les sous pour autre chose.

— Y'a pas de danger, ricana maman, elle est bien ta fille.

— Ça ne fait rien, j'achète.

Et il avait acheté. Posé dans le couloir du train, le séchoir gênait souvent les voyageurs qui se déplaçaient pour aller au wagon-restaurant ou aux toilettes. Le plus comique était à venir. Qu'on s'imagine l'heure de pointe dans le métro pour quatre personnes qui n'ont jamais frotté leurs semelles de souliers dans la capitale. Une fin d'après-midi ordinaire, chargés jusqu'aux yeux, de valises, paquets, camions de pompiers, nounours, séchoir, voici les miens mélangés au flot des voyageurs qui prennent d'assaut les rames pour rentrer chez eux. Michel avait attendu son petit monde sur le quai de la gare.

— Jamais plus, jamais plus, tu entends, je n'irai les chercher, tu iras toi. J'ai eu la honte de ma vie.

Je n'étais pas surprise, mais j'ai ri en imaginant la scène à mesure qu'il la contait.

— Je me suis retrouvé porteur du séchoir, car ton père dans le métro s'en servait comme d'une planche à pousser les voyageurs, pour entrer dans le wagon où ta mère et tes sœurs avaient déjà pris place. Le signal sonore a retenti. Le métro allait fermer ses portes, et elles se voyaient perdues dans un métro qui allait s'ébranler sans leur homme. On se serait cru dans le métro japonais, tellement ton père a bataillé pour entrer avec son séchoir. Tout le monde a fini par rigoler en l'entendant raconter sa vie, celle de sa mère, et la nôtre en prime.

— Excusez-nous, messieurs-dames, je vais chez ma fille, celle qu'est mariée avec lui (il indiquait Michel du menton)... Ma femme et moi, on leur offre le séchoir. Ils ont pas perdu de temps, déjà deux bébés en un an. Mais j'ai eu de la chance, le séchoir était en solde. On a tout chez nous, comme ici.

Ce jour-là, dans le wagon de métro, il y eut de l'ambiance. Un effet contagieux puisque nous pouvons encore en rire aujourd'hui.

Dimanche 10 septembre

Le lit à côté de papa est déjà réoccupé. Je frissonne en apercevant une femme qui semble avoir une soixantaine d'année. Elle ne pleure pas, ne dit rien, mais fixe le lit où est allongé un homme qui a sensiblement le même âge que papa. J'ai tout compris. L'homme a la tête bandée, lui aussi, une dérivation externe, des tuyaux partout aussi. Elle est vite rejointe par une jeune femme plus jeune que moi, entrée précipitamment et qui est encore en train d'attacher sa blouse dans son dos lorsqu'elle arrive près du lit.

— Papa, papa, ce n'est pas possible, pas possible, comment est-ce arrivé ?

Sous le choc, cette femme, cette mère, reste silencieuse.

— Mais dis-moi, comment est-ce arrivé ? Mon pauvre papa, que lui ont-ils fait ? dit-elle en palpant son père par-dessus le drap.

Avec infiniment de gentillesse, l'infirmière donne les explications nécessaires comme elle l'a fait pour nous trois semaines auparavant. L'accident vasculaire survenu à son père. Oui, tout est fait pour qu'il ne souffre pas. Oui, le prêtre va arriver puisqu'ils l'ont demandé. Maman sursaute et me fait signe.

— Pour ton père, tu sais j'y ai pensé. Tu ne crois pas qu'on devrait ?

Et puis elle s'arrête. Il est des mots qui ne passent pas la barrière des lèvres, une sorte de pudeur, ou de peur. Faire venir le prêtre, n'est-ce pas désespérer de la vie ? N'est-ce pas pousser son mari vers la tombe ?

— Je ne voudrais pas qu'il parte sans avoir reçu l'extrême-onction. S'il devait... Je me le reprocherais. J'ai si peur.

— Tu veux que je m'en occupe ?

Elle acquiesce d'un battement de paupières.

Papa sera administré le lendemain, je serai repartie, Janine accompagnera maman pour prier. C'est bien mieux ainsi, je suis si peu sûre, je ne veux pas être hypocrite, me donner en spectacle dans la prière si l'adhérence n'est pas totale. Dire « je crois » devant tous est un engagement. Tout n'est que doute dans ma tête. La seule chose que je sache faire c'est demander, demander des signes. Ou engueuler Dieu quand l'innocence se heurte à trop d'injustice, au Mal.

Soudain, je trouve maman libérée. Le fait qu'elle ait songé à la présence d'un prêtre prouve qu'elle envisage l'issue qui la laissera seule. Alors que jusqu'à ce jour elle s'est efforcée de faire des projets où son mari était auprès d'elle.

— Je sais bien que je demande l'impossible à Dieu. Qu'il me le garde, même handicapé, mais qu'il reste près de moi. Pourtant, à mesure que passent les jours, je comprends mieux ce que veut me dire le médecin : je dois me préparer à vivre seule. Comment ferai-je ?

Je réalise tout à coup que, préoccupée par papa, j'ai peut-être délaissé maman. On accompagne la personne malade et on oublie ses proches. Chaque parole, chaque pensée est tournée vers ce lit d'hôpital où un homme, un époux, un père, gît, sanglé, relié à un semblant de vie par des machines sophistiquées qui stimulent et prennent le relais des fonctions défaillantes. Mais comment aider son épouse, comme relier son cœur à elle à celui de cet homme ? Jamais sans doute maman ne s'est sentie aussi perdue. Chaque visite qui lui est faite, l'est pour papa. On prend des nouvelles de son mari, du père de ses enfants. On s'informe sur l'issue de sa maladie. Mais lui demande-t-on suffisamment ce qu'elle ressent, elle ? L'écoute-t-on lorsqu'elle parle, ou veut-on la rassurer — souvent un peu vivement — afin de se rassurer soi ? La mort de l'autre, c'est un peu la nôtre. Sa peine aussi.

Maladroitement, j'attire maman contre moi, une caresse que je voudrais chaleureuse en la prenant par les épaules en l'embrassant très fort. Je n'ai pas vraiment l'habitude, elle non plus du reste. Les gens de l'Est sont peu démonstratifs. Pourtant, elle se laisse consoler. En cet instant, c'est elle la petite fille, et moi la maman.

— Nous sommes là tous avec toi. Laisse-toi porter par les événements. Fais confiance à tous ceux qui t'aiment.

À partir de ce jour, je me fais la promesse d'être plus attentive. Je veillerai à toujours la fleurir. Je multiplierai les petits gestes : faire un gâteau, offrir un menu cadeau, proposer une sortie. Une marche en forêt. La vie est là. Mais je ne peux pas vivre uniquement pour elle. Je suis déchirée entre elle et les miens, un mari, des enfants.

Selon Guillaume qui est dans la confidence, Laurent est, semble-t-il, amoureux de Merryle, une jolie jeune fille rencontrée en vacances. La passion de la montagne et du grand air les a réunis. Matthieu a remis son travail au jury et son professeur a appelé à la maison pour nous dire sa satisfaction. Son élève a fort bien travaillé. Il a fixé le jour et l'heure de son passage, mais nous a demandé de ne rien lui dire des premières impressions ressenties à la lecture de son travail. Il doit être impatient, nerveux. Mais je sais qu'auprès de Véronique, son amie de cœur, il trouvera quelque réconfort.

Guillaume vient d'entamer sa dernière année au lycée. Le bac devient une réalité et il faut encourager le jeune homme si peu sûr de lui. Heureusement qu'il a la possibilité de se réfugier dans la musique. Guitare, piano. Il joue, compose et repousse ainsi les ombres de la vie.

*

Un immense besoin de marcher seule me précipite dans les rues de la vieille ville à Nancy. De la place Stanislas à la porte de la Graffe en passant devant le Musée lorrain. J'aime flâner devant les librairies spécialisées dans la vente d'ouvrages anciens relatifs à la Lorraine. Parfois j'y entre et dégotte une petite merveille. Aujourd'hui, je me contenterai de Georges Lhote, et de son héroïne, *La Mélie Tieûtieû,* une solide paysanne lorraine de la région de Metz. Un vrai régal, un parler imagé proche de celui de grand-mère Mélie qui nous traitait de *patates fiâches* quand nous manquions de vivacité.

Et puis, juste à côté de la librairie, un antiquaire. Je jette un œil dans cette vitrine où l'on trouve pêle-mêle un saint Nicolas de bois, un fer à repasser au feu, des poteries de grès. Dans l'angle de la vitrine, une jolie tabatière, contenant des pièces anciennes. Leur vue m'évoque un souvenir. Le trésor de papa, une pièce égyptienne trouvée enfouie dans le terrain vague situé au bout de son jardin.

Mon père passait beaucoup de temps dans son jardin. Il soignait lapins, poules, canards, roucoulait avec les pigeons qu'il baguait pour les reconnaître. Il aimait son potager et surveillait amoureusement l'espace fleurs, car il fallait toujours fleurir la Vierge qui lui avait sauvé la vie. Entre deux tâches, il se reposait — mais ça ne durait jamais longtemps — dans ce que nous appelions sa petite maison, ou bien en s'asseyant sur le banc qu'il avait lui-même fabriqué et peint. Il savait tout faire de ses mains, ou presque. Pour chacune de ses filles, il prenait du temps et avait conçu et réalisé un mobilier de poupée, table, chaise, petit banc et un lit pouvant accueillir un gros poupon. Toutes les petites filles des cités venaient souvent jouer chez nous pour avoir le plaisir de nurser et coucher leur poupée... Nous avions demandé à papa de compléter notre mobilier d'une petite armoire pour aller avec le lit. Il n'avait pas dit non.

— L'année prochaine, quand j'aurai du temps.

Trop occupé par son jardin et le soin des poules et des lapins, ou parce que c'eût été difficile pour lui qui était assez perfectionniste et qu'il ne voulait pas déchoir à nos yeux, l'année prochaine était toujours reportée, laissant l'armoire au rayon de nos rêves.

Cette année-là, l'année de la pièce égyptienne, mon père avait trouvé que son jardin était trop petit pour nourrir sa famille. Il se mit à faire des projets d'agrandissement tout à fait possibles puisque sa parcelle était la dernière du lot des jardins des cités. Tout au bout de notre jardin s'étendait un terrain vague que mon père nettoyait et débroussaillait régulièrement pour que nous puissions nous y installer et jouer sans risquer les piqûres des folles orties et les griffes des ronces bien plus méchantes encore.

— J'ai fait quelques prélèvements, nous dit-il un soir sur le ton plein de cérémonie d'un technicien de laboratoire qui vient d'avoir les résultats de son analyse. La terre n'est pas mauvaise, du moins celle située entre la clôture et le saule.

— Et nous alors, où fera-t-on notre cabane ? s'est exclamée Christiane qui venait souvent jouer là avec ses copines.

— De l'autre côté du saule, je nivellerai, tu verras ce sera encore mieux.

— Attention Roger, ce terrain n'est pas à toi, prévint maman qui redoutait les embrouilles.

— Je sais, c'est un terrain communal. Je me suis renseigné à la mairie. Il n'est pas constructible. Mais j'ai vu l'adjoint au maire qui m'a dit qu'il ne voyait pas d'inconvénient à ce que je cultive quelques mètres carrés supplémentaires. Après tout, des plants de patates c'est aussi bien que des ronces et des orties.

Mon père s'attaqua donc à la tâche. Il fallait procéder à un nettoyage méthodique du terrain envahi de racines et de blocs de pierre dont on se demandait d'où ils venaient. Mes sœurs et moi regardions notre père piocher avec ardeur, creuser, passer la terre au tamis pour en évacuer les petits cailloux. On aurait dit un chercheur d'or. Il devait croire qu'il en était un. Ça se voyait à sa chemise à carreaux entrouverte, à son mégot qui pendait sur sa lèvre inférieure. Il était totalement absorbé par sa tâche. Parfois, il chantonnait. Il m'arrivait de l'aider à passer la terre. J'étais alors la fille du chercheur d'or. Ce jour-là, dans le tamis, au milieu des cailloux, quelque chose de jaune attira son attention. Une pièce, c'était une pièce !

— Le début de la fortune ! s'écria-t-il joyeusement.

Il pensa d'abord à une pièce de quelques francs. Mais non, après l'avoir débarrassée de la terre qui l'entourait en la frottant contre sa chemise, il resta perplexe. C'était une pièce étrangère qu'il ne connaissait pas. Il me la tendit.

— Tiens, regarde, toi qui sais.

— On dirait une pièce égyptienne.

Je reconnus le Sphinx de Guizeh et une pyramide. Je savais tout cela pour avoir lu récemment un reportage sur l'Égypte ancienne dans *Âmes vaillantes,* acheté par mes cousines chaque jeudi à la religieuse qui leur faisait le catéchisme. J'essayai d'expliquer l'Égypte ancienne à mon père qui ne connaissait que celle de Nasser.

— Les Pyramides, c'était il y a au moins cinq mille ans avant Jésus-Christ. A cette époque, le pays était riche grâce aux crues du Nil qui apportaient des limons extraordinaires. On pouvait récolter le blé deux fois l'an.

Convaincu d'avoir trouvé une vraie pièce ancienne, papa se mit déjà à rêver. Moi je ne voyais pas comment ce joyau avait pu arriver jusque-là. Il y avait des mers à traverser. À Champigneulles, on avait bien sûr trouvé des restes de l'époque gallo-romaine, mais des restes de l'Égypte ancienne, les institutrices n'en avaient jamais parlé...

— Eh alors, me dit mon père sûr de lui, faut un début à tout. Et le commerce qu'en dis-tu ? Ça existe depuis toujours. On a bien trouvé pas loin du pont du chemin de fer des bracelets, des colliers en bronze qui sont maintenant au Musée lorrain. Des objets datés du Ve siècle avant Jésus-Christ, c'était marqué dans le journal. Et à *La Fourasse,* on a mis à jour des restes de vases, et d'outils aussi anciens...

Je l'écoutais, il savait si bien raconter qu'il allait finir par me convaincre. Il se voyait déjà dans le journal, persuadé que ce lopin de terre, dont il voulait faire un bout de jardin supplémentaire contenait sûrement un trésor. Il creusa longtemps, pendant plusieurs jours, plusieurs semaines même, jusqu'à ce que maman se fâche, lui ordonne d'arrêter tant qu'il ne serait pas allé se renseigner auprès de l'un ou l'autre conservateur du Musée lorrain.

— Tu es en train de te fatiguer pour rien. Au musée on te dira si cette pièce a vraiment de la valeur.

Maman la trouvait trop belle, trop bien conservée, pas assez usée par les siècles pour être une pièce remontant à l'Égypte ancienne. Lui, tout à ses rêves, n'en démordait pas.

— Ça serait bien que tu y ailles, si elle vaut quelque chose tu seras récompensé et cela nous aidera jusqu'à la fin de la quinzaine. Autant te le dire, je n'ai plus de sous. Si ta pièce n'a aucune valeur, ce sera sans regret, tu pourras reboucher ton trou. Ça pourrait devenir dangereux pour les filles. Et puis, il ne faut pas tarder à planter ton jardin si tu veux récolter quelque chose cette année.

La voix de la sagesse venait de parler.

— J'irai samedi matin, déclara-t-il.

Jusque-là, mon père continua de fantasmer sur son trésor. Christiane et moi avions fini par y croire et souhaitions qu'il ait raison. Et si nous devenions riches ! On changerait de maison, on voyagerait, on aurait de beaux habits. Les rêves de ma sœur se limitaient à quelques colliers et à l'achat du stock de pochettes surprises à l'épicerie.

*

Il a mis un temps fou pour se préparer. Un beau pantalon — ça arrivait deux fois l'an —, une chemisette — il y manquait un bouton —, mais avec le blouson tricoté par maman, ça ne se verrait pas. Du moins, c'est ce qu'assura ma mère à mon père.

— Tu n'auras qu'à garder le blouson sur toi.

— Et si j'ai chaud, tout le monde verra.

— En avril ne te découvre pas d'un fil, ajouta-t-elle, moqueuse, d'un ton qui n'admettait aucun reproche. Voilà, t'as l'air d'un vrai monsieur, ajouta-t-elle en redressant l'un des becs de son col de chemise.

Il manquait cependant la cravate. Pour avoir observé les cousins, les fils aînés d'Henriette, quand ils s'habillaient pour aller au bal, je savais que le chic c'était la cravate. Papa n'en voulait pas. Il disait que c'était pour les jeunes gommeux.

— De toute façon, j'aime être à l'aise. Une cravate, ça me serrerait le kiki.

Il est parti prendre le bus qui allait l'emporter à Nancy, place Carnot, d'où il se rendrait au Musée lorrain.

Deux heures après son départ, Christiane et moi guettions son retour avec impatience. Quand nous l'avons aperçu au loin sur le trottoir des Brasseries, nous avons couru jusqu'à lui.

— Alors ?

— Oh, là, là, c'est compliqué tout cela. Au Musée, ils disent que cette pièce doit valoir beaucoup d'argent, vraiment beaucoup (il insistait trop pour que cela fût vrai). Mais combien, ils ne savent pas. Il faut qu'ils la fassent expertiser. Et ça peut prendre trois semaines.

— Alors, tu leur as laissé la pièce ?

— Ah ça non ! J'ai dit qu'il fallait que j'en parle à ma femme. J'ai pas confiance en ces messieurs. Des fois qu'ils me la rendent pas. En attendant, on va la garder bien cachée en haut du buffet.

(C'est là qu'on mettait les choses précieuses, la montre du grand-père qui ne marchait plus, les quelques photos des ancêtres, la décoration de l'autre grand-père.)

Quand il raconta sa visite aux spécialistes, comme il disait, maman secoua la tête. Je compris aussitôt qu'elle ne le croyait pas. Soit papa était entré au Musée lorrain et on lui avait dit que sa pièce était sans valeur — mais comme il voulait sauver la face, il brodait un peu autour des faits. Soit il n'avait même pas osé entrer et était revenu après avoir piétiné devant la chapelle des Cordeliers en attendant le bus de 11 h 30.

— Ça ne fait rien, conclut maman, c'est comme *Le Laboureur et ses enfants*. Tu n'as plus qu'à reboucher le trou et cultiver, c'est ça le trésor. T'as la santé, c'est bien suffisant.

Il était déçu, ça se voyait. Mais maman eut le bon goût de ne jamais lui reparler de cette histoire de trésor. Longtemps, mon père a gardé cette pièce. L'année de mes dix-huit ans, je la lui empruntai pour une journée, afin de la montrer au frère d'un ami qui était collectionneur. La pièce n'avait aucune valeur. Il s'agissait d'une réplique d'une pièce ancienne, mais elle avait été frappée et avait eu les bords lissés grâce à une machine moderne. C'était sans appel. Je rendis la pièce à papa en lui disant que cet ami ne savait pas. Il était inutile de le peiner et de lui rappeler d'autres déceptions qui risquaient de lui mettre le moral sous terre.

— C'est pas de ma faute si je suis né sous une mauvaise étoile.

Il n'avait pas oublié le voyage à Dunkerque.

À l'initiative de maman qui n'arrivait pas à l'arracher à la tutelle de grand-mère Mélie, il postula aux Usines Sacilor de Dunkerque.

En lisant *L'Est républicain,* maman apprit que les usines Sacilor se développaient à Dunkerque et en Moselle. Chaque semaine la même annonce était publiée. Une annonce alléchante qui indiquait que l'usine logeait gracieusement ses employés.

— Parce que tu veux déménager ? Mais on connaît personne là-bas. Et puis tu sais bien que je suis pas copain avec les papiers. C'est marqué qu'il faut postuler par écrit. C'est pas pour moi.

— Je te fais un modèle et tu recopies. Qui ne tente rien, n'a rien, tu le dis assez, insistait-elle.

Elle finit par le convaincre. Il s'appliqua à recopier, mais râlait à chaque mot.

— T'as peut-être été à l'école, mais t'as une foutue écriture, je peux même pas te relire.

— Tu ne disais pas cela quand je t'écrivais depuis Mattaincourt.

— C'était pas pareil. C'étaient des lettres...

Je découvris alors un père timide et pudique lorsqu'il s'agissait d'exprimer ses sentiments. Il s'appliqua, recommença plusieurs fois pour parvenir à présenter sa demande. Et de fait, il reçut une convocation pour se rendre à Dunkerque et se soumettre à quelques tests d'embauche. Ce fut un événement dans sa vie. Il partait loin, très loin, mais il ne fallait en parler à personne. Son patron ne devait jamais être au courant de sa démarche. Tenter sa chance ailleurs relevait de la trahison.

Dunkerque, Dunkerque, dans le Nord, au bord de la mer. Il n'en dormait plus. À part le voyage obligé du STO à Kaiserslautern pendant la guerre, il n'était jamais allé bien loin. Ma mère prépara sa valise, lui acheta un nécessaire de toilette, ajouta un petit flacon d'eau de Cologne.

— On dirait que je vais partir à l'hôpital.

Il revint trois jours plus tard comme prévu. Maman l'attendait sur le quai de la gare, mais c'est un homme déçu qu'elle accueillit.

— Tu te rends compte, ma femme, j'y vais pour leur montrer que je sais conduire un pont roulant aussi bien en tôlerie-chaudronnerie qu'aux aciéries avec les poches en fusion. Au lieu de cela, pendant deux jours je suis allé de cabinet médical en salle de classe. J'ai d'abord eu droit à des tas de visites médicales, radio des poumons, poids, tension, les yeux, les oreilles. De ce côté-là, rassure-toi, le bonhomme est bon. C'est après qu'ils m'ont emmerdé, excuse-moi, comme à l'école. Ouais, c'est comme je te dis. Une dictée, un problème, des opérations. Alors moi, tu sais, ces choses-là, c'est pas mon fort. Malgré tout, on a fini par me mettre sur un pont roulant. Là, j'étais au poil, et fier de moi. Toutes les manœuvres, je les ai réussies. Après cela, avec un crayon, je devais suivre une ligne de pointillés, bordée de petites barrières rouges et bleues. La ligne tournait dans tous les sens et il fallait garder son chemin, ne pas chavirer. Chaque barrière heurtée provoquait un bip. Trois bips déclenchaient une sonnerie qui indiquait que le candidat était éliminé. J'ai tellement fait attention que je n'ai pas eu le temps de finir le trajet. Du coup j'ai été éliminé. Je serai pas pris, la femme, faut pas m'en vouloir. Le gars des embauches me l'a dit. Je suis pas fait pour travailler sur du matériel trop compliqué. Je suis de la vieille école. Eux, à Sacilor, pour appuyer sur les boutons d'une cabine de pont roulant, ils veulent des ingénieurs.

Maman garda le silence. Elle ne parvenait pas à le croire. Elle songea d'abord qu'il n'était pas allé à Dunkerque. Pourtant, il nous raconta la mer, les bateaux de guerre, des bateaux immenses.

— Je les ai vus en vrai, pas comme au cinéma.

Ensuite elle fut quasiment convaincue qu'il n'avait pas osé se présenter à Sacilor, malgré tout ce qu'il nous racontait. Il nous avait rapporté des bonbons du Nord, qu'on appelle des bêtises (il riait en nous les donnant) et des cartes postales de Dunkerque qu'il nous faisait ainsi visiter. Agacée, maman a fini par lui dire un peu vivement que ce n'était pas la peine d'en faire un exposé puisqu'on n'irait jamais y habiter.

Quand le facteur apporta, une semaine plus tard, le mandat de remboursement des frais de déplacement, maman leva les yeux au ciel. Elle pouvait enfin croire papa, lui qu'elle avait presque traité de menteur ! Il avait des larmes plein les yeux en lisant et relisant le mandat des dizaines de fois. Il n'a même pas dit : « Je ne suis qu'un manant. »

Il n'était plus rien. Tous ses rêves s'écroulaient.

Lundi 11 septembre

C'est la rentrée, la mienne. Comment vais-je pouvoir faire face au micro dans le studio de la radio ? Il me semble que je ne saurai plus interviewer l'invité. Je vais perdre tous mes moyens. Chaque année c'est la même chose, après six semaines d'interruption, le fait de renouer avec le micro me plonge dans une certaine angoisse. Les nuits qui précèdent la reprise, je dors mal, très mal. Le même cauchemar revient me hanter. Le réalisateur ouvre le micro. La lampe rouge clignote. Nous sommes en direct et je dis au réalisateur :

— Je ne pourrai pas faire l'émission, ma bouche se paralyse, j'ai une bûche de bois sur les lèvres.

Il me rassure. Tout se passera bien.

— Cinq, quatre, trois, deux, un : antenne !

Et là, mes mains sont tellement chaudes que le micro fond comme une glace exposée au soleil.

Cette année, tout est différent. Je n'ai pas rêvé de la bûche sur les lèvres, ni du micro qui fondait. J'ai rêvé de mon père sanglé sur son lit. Peut-on mettre de côté ses soucis et entrer dans une autre vie, celle de l'invité, celle de son œuvre ? Créer cette complicité qu'aiment tant les auditeurs puisque cette émission est pour eux ?

Mais comment donner le meilleur quand l'esprit erre dans les couloirs et la salle de soins intensifs de l'hôpital Saint-Julien ? Comment donner le meilleur puisque tout me ramène à la détresse de maman qui s'oblige chaque jour à visiter son mari ? Elle ne le lui parle pas, elle ne peut pas. Elle se contente de s'asseoir à côté de lui, de prendre sa main et de constater que les traits du visage semblent se creuser jour après jour.

Pour la première fois, je ressens le découragement, le vide. Quand tout cela finira-t-il et comment ? Une cousine m'a téléphoné. Le même accident est arrivé à son beau-père, il y a quelques années. Il a mis six mois à mourir sans jamais avoir repris connaissance. Si Dieu est, j'espère qu'il n'imposera un tel calvaire ni à maman, ni à papa. Que ressent-il ? La même question revient me tarauder dès que mon esprit s'évade.

Finalement je suis parvenue à mener l'émission, à m'extraire d'un quotidien douloureux, à le mettre entre parenthèses. Si cela a été possible aujourd'hui, demain sera un autre jour, et les jours suivants aussi. Après tout, peut-être que du pays où se trouve mon père, il m'envoie un peu d'aide, un peu d'énergie ? Il est bon d'y croire en tout cas.

*

C'est vraiment la rentrée à la radio. Me voici chargée d'aller interviewer Nana Mouskouri qui doit se produire à l'Olympia début octobre en même temps que sera mise en vente une compilation de ses succès. Autant j'aime faire parler les écrivains, autant je redoute les gens du show-biz. C'est un autre métier et je ne suis pas très à l'aise avec eux. Je n'ai pas envie de leur demander la couleur de leurs sous-vêtements ou qu'ils me confient leurs amours et leurs infidélités. En d'autres temps, j'aurais été agacée d'avoir été désignée. Mais, aujourd'hui, je souris et songe à papa qui me dirait :

— T'as bien de la chance d'aller voir la Nana. Moi je ne l'ai vue qu'à la télé dans des émissions de variétés. Elle chante bien, elle peut monter haut ses notes.

*

Le médecin qui a opéré papa m'appelle au journal alors que je suis en réunion. Il m'informe que papa va quitter les soins intensifs. Cela ne signifie pas qu'il aille mieux ou plus mal. C'est parce que son état est désespérément stationnaire. Il va rester dans le même hôpital encore deux ou trois semaines, sous sa responsabilité, et il sera stimulé quelque temps encore. Il ne faut pas baisser les bras trop vite. Le ton de la voix indique pourtant un certain pessimisme.

— J'ai vraiment cru tirer votre père de ce mauvais pas et j'ai tenté l'opération, car sa bonne constitution le permettait. Il aurait dû reprendre conscience dans les premiers jours.

Il évoque aussi l'infection pulmonaire qui a considérablement affaibli papa. À plusieurs reprises on a dû l'aider, stimuler son cœur.

— Sinon c'était la fin ?

— Je crois que oui.

— Mais ne peut-on laisser mon père en paix ? N'est-ce pas de l'acharnement thérapeutique dans la mesure où il n'a pas repris conscience et que s'il reprenait conscience il serait « un légume », c'est ce que m'a dit une infirmière.

— C'est notre devoir de préserver la vie, et nul ne peut dire comment serait votre père, répond doucement le médecin. Voulez-vous que nous en parlions lorsque vous reviendrez ?

Bien évidemment que je le veux, surtout en songeant au désir de mon père à qui on ne demande pas son avis et qui a toujours dit qu'il préférerait être mort plutôt que d'être dépendant de tous, et coincé dans un fauteuil roulant. Il avait vu un de ses copains d'usine victime d'une hémorragie cérébrale revenir à la vie totalement paralysé et incapable de s'exprimer autrement que par des grognements.

— Si je devais finir comme le Pierrot, faudrait m'achever.

L'instant d'après je m'en veux de songer à tout cela. Je n'ai pas le droit de demander quoi que ce soit, ni de perdre espoir. Il faut se battre jusqu'au bout. Il n'appartient à personne le droit de couper le fil. Mais j'espère que si Dieu est, il ne restera pas sourd.

J'ai froid soudain. Est-ce le ciel gris, l'automne qui s'annonce ? Ou ce froid est-il seulement au fond de mon cœur, au fond de mon âme ? Un froid glaçant, jusqu'à grelotter et claquer des dents, me plonge au cours du long hiver 1954.

J'avais six ans. Le froid mordait mon nez, mes pieds et mes genoux qui devenaient violacés. Le charbon prévu pour l'hiver n'avait pas suffi. Mes parents n'avaient plus d'argent pour en acheter à nouveau. Mon père avait utilisé tout le bois possible des coupes faites avec ses frères. Allions-nous mourir de froid ? C'était mal le connaître. C'était oublier que non loin du passage à niveau de Bouxières, les locomotives, encore à charbon, venaient régulièrement rejeter braises et cendres sur un talus. En cherchant parmi ces restes de foyers on retrouvait des morceaux de charbon qui n'avaient pas entièrement brûlé.

— Prépare une Thermos, a dit mon père à maman un dimanche après-midi, *je vais à l'escarbille.* Tu vas voir comme le feu ronflera dans le poêle.

Je ne sais plus pourquoi, j'accompagnai papa. Maman me fit enfiler deux pulls sous mon manteau, plaqua sur mes cheveux un énorme bonnet à pompon qui descendait jusque sur les sourcils ; de l'armoire elle sortit une immense écharpe qu'elle enroula au moins deux fois autour de mon cou. Elle insista pour que je garde aux mains les moufles tricotées par ses soins. Ainsi parée, je suivis mon père en trottinant. Il fallut grimper sur le talus où les locomotives venaient vomir les escarbilles chaque soir. Mon père avait emporté un sac et un seau. Avec un grand bâton il fouillait les escarbilles. Il en dégageait les morceaux intéressants, les jetait dans le petit seau. Quand il était plein, il le revidait dans le grand sac dont je tenais les bords, c'était mon rôle. Mais je voulais faire plus, fouiller moi aussi les escarbilles. Il a ri en me trouvant un bâton de fortune.

— Tu vas avoir le bout du nez tout noir comme le marchand de charbon, mais tu n'auras pas froid dans la maison.

De temps à autre, il faisait une pause, ouvrait la bouteille Thermos remplie de café au lait chaud. Un peu pour lui, un peu pour moi. Il soufflait aussi sur le bout de ses doigts très rouges, sur les miens, frottait mes mains dans les siennes. On jouait à s'applaudir pour se réchauffer. Le froid était intense. Mes pieds commençaient à me piquer.

— Bouge, saute, fais circuler le sang.

Le vent soufflait ce jour-là, une méchante bise mordante qui faisait pleurer mes yeux, mais pour rien au monde, je n'aurais voulu rentrer à la maison avant la fin des opérations. Aux côtés de papa, j'avais l'impression de participer au sauvetage de la famille. Et de fait, nous n'avons pas eu froid. Nous n'avons jamais eu froid.

De retour à la maison, maman me lava et me frotta de partout près de la cuisinière, pour que je n'aie pas froid. L'eau dans la bouilloire chantait. De la vapeur s'en échappait et allait se coller sur les vitres de la fenêtre. Du doigt, ma sœur Christiane traçait des petits bonshommes sur la buée des vitres. Il restait une orange que maman éplucha pour nous la partager avant de mettre les pelures à griller sur la cuisinière. Une bonne odeur d'orange s'est alors répandue dans toute la maison comme à Noël. Ensuite nous avons joué aux cartes. Une partie de bataille, je voulais bien jouer avec papa. Avec lui j'avais toutes mes chances. Mais avec ma sœur, il fallait s'effacer. La laisser gagner parce qu'elle était plus petite. Rien de grave à tout cela, le temps s'arrêtait pendant que le feu ronronnait doucement dans le poêle de faïence bleue. Il pouvait faire froid dehors, nous nous sentions bien, presque heureux.

C'est cette même année que le canal de la Marne au Rhin gela et que je le traversais au lieu d'emprunter le pont du canal. Comme pour la plupart des employés des Brasseries qui habitaient au centre de Champigneulles ou venaient de Frouard ou de Nancy, le canal gelé représentait un raccourci intéressant. Seuls les gros camions continuèrent de passer sur le pont. Pour nous, qui habitions à côté des Brasseries, la traversée du canal s'effectuait depuis le café du Commerce jusqu'au monument aux morts, face au bureau de tabac. Un chemin très direct pour se rendre à l'école, à la mairie, à l'église ou au catéchisme. René et Titi, mes cousins, me conduisaient à l'école les jours où mes cousines, plus âgées, allaient au catéchisme avant l'école. Ils étaient très soucieux de ma personne. Maman et mes tantes étaient assez anxieuses et nous avaient interdit d'emprunter le chemin du canal gelé. René et Titi qui voyaient faire les aînés osèrent désobéir. Les risques étaient minimes. Nos mères n'en sauraient rien, si je savais tenir ma langue.

— Jure et crache par terre que tu cafteras pas, lança Titi au début des gelées. Si tu caftes, je ne jouerai plus aux chiques (billes) avec toi, et on ne t'emmènera plus avec nous.

Que n'aurais-je pas fait pour les suivre là où ils allaient, pour avoir le droit de faire équipe avec eux quand ils jouaient aux billes, ou de chausser leurs patins à roulettes et rejoindre Yolande et Annie, les cousines, qui me prenaient chacune par une main et me tiraient sur des distances qui me paraissaient immenses sur le trottoir qui longeait les Brasseries.

Oui, j'ai juré, mais je n'ai pas craché. Les petites filles ne doivent pas cracher par terre, c'est très mal élevé. J'ai juré et j'ai traversé le canal gelé, mais pas en même temps qu'eux.

— C'est par sécurité, dit Titi qui faisait son important.

Les risques n'étaient pas bien grands, ça se voyait au nombre d'adultes qui allaient et venaient sur ce canal. Ils devaient forcément peser plus lourd que nous. Si la glace ne cédait pas sous leur poids, elle résisterait bien pour nous. Les cousins faisaient du zèle, pour m'impressionner. Pour moi, ce fut un jeu, j'étais dans le secret et fière de l'être.

— Tu nous attends. On va faire un essai à deux jusqu'à la moitié, si la glace nous porte sans problème, on t'appelle, si tu vois que ça craque, tu cours jusqu'au café pour qu'ils appellent les secours avant qu'on parle de nous dans les faits divers de *L'Est républicain*.

J'attendis sagement leur appel sur le bord de l'étendue glacée et, pendant tout le mois de février, à l'insu de nos mères, nous avons marché sur le canal gelé.

Mercredi 13 septembre

J'ai un petit pincement au cœur. Il y a vingt-six ans, toute la maisonnée était en effervescence. Roger mariait sa fille à un monsieur. Elle portait une longue robe blanche, longue avec un voile plus long encore, tenu par ses petites sœurs, ses demoiselles d'honneur. Il y avait de nombreuses voitures décorées qui klaxonnaient, un cortège de voitures pour se rendre à la mairie, puis à la Chapelle Notre-Dame. Au pied des marches, Roger, tradition oblige, a pris le bras de sa fille, pour la conduire à l'autel. Quelle fierté dans son regard : n'est-ce pas qu'un manant pouvait marier sa fille avec un monsieur !

— Ça va jaser, ma fille, me dit-il, mais je suis bien content.

Aujourd'hui, mon père se bat pour vivre. Mais se bat-il pour vivre ou l'oblige-t-on à ne pas mourir ? Pour le personnel du service de réanimation, il va quitter leur service vivant ! Qu'importe comment, il sera vivant. Qu'importe s'il n'a pas repris conscience ! Qu'importe s'il doit mourir le lendemain ! Au sein du service, il a été soigné, et il en sort vivant pour être admis dans une autre unité de soins deux étages plus haut, dans le même bâtiment. Il y sera bien soigné, bien surveillé environ pendant une quinzaine de jours car il faut pouvoir lui ôter sa D.E. d'où s'échappe toujours un filet de sang.

— On a déjà essayé de clamper la D.E., me dit une infirmière, mais votre père a été pris de spasmes et il a fallu la remettre en place.

Tout est fait pour me rassurer. Les informations données sont précises et dites avec beaucoup de gentillesse. On continue de stimuler mon père, de lui parler pour le ramener à la conscience.

— Et après ?

— Il sera orienté dans un lieu de long séjour.

Il faut savoir entendre entre les mots. J'ai le cœur affreusement triste, saisi par un sentiment d'impuissance qui me terrifie. C'est donc cela mourir, devenir un corps objet qui passe de service en service ? C'est donc cela être vivant, demeurer prisonnier de tubes et de sondes avant d'aller échouer dans un mouroir ? Mon pauvre papa, toi qui t'es battu toute ta vie pour rester debout pour les tiens, est-ce cela que tu désirais pour toi-même ?

On se demande comment il est possible de supporter de tels événements ? Comment répondre aux questions des proches et amis pourtant pleins de sollicitude ?

— Alors, comment ça va ?

On ne veut pas pleurer. Ça ne ressemble à rien de gémir sur son sort. Mourir après une vie bien remplie, c'est dans l'ordre des choses. La véritable tragédie, c'est la mort d'un enfant. Et dans ce domaine, nous avons tous donné. Mais que veut nous dire ce père qui s'en va, qui nous quitte un peu plus de jour en jour, malgré les efforts de la médecine, malgré nos paroles, nos appels, notre présence ? L'aimons-nous si mal pour qu'il décide de rester là où il est ? A-t-il encore le désir de vivre avec nous ?

— *Laisse les choses se faire.*

La petite phrase du 19 août me revient. Est-ce toi, mon père, qui t'adressais à moi pressentant la venue de la camarde ? Sont-ce tes pensées qui sont arrivées jusqu'à moi à l'instant de la rupture ? As-tu eu ce moment de lucidité, ce sursaut, puis ce besoin de rassurer ceux que tu aimes ?

J'arrive à l'hôpital. Je me hâte, comme toujours, le cœur un peu serré, jusqu'au deuxième étage. La porte de la chambre, jusque-là toujours ouverte, est fermée. Dans le couloir une aide-soignante monte la garde.

— Vous ne pouvez pas entrer.

— Et pourquoi ?

— Attendez. Il y a eu un problème. On a fait une nouvelle tentative pour clamper la D.E. et ça n'a pas marché. Votre père a réagi par une petite complication cardiaque. On vient de le masser. Le cœur est reparti. On vérifie seulement que le rythme est bon.

Je deviens livide.

— Vous vous rendez compte de ce que vous êtes en train de me dire ?

Elle me regarde interdite, effarée.

— Nous faisons ce que nous pouvons, se défend-elle.

— Je ne vous demande pas grand-chose. Veillez au confort de papa, ne faites rien, ni dans un sens, ni dans un autre. Ne le forcez pas à vivre si la vie s'en va. C'est tout ce que je vous demande, pas d'acharnement, il n'aurait pas voulu. Nous voici à quatre semaines d'un coma profond. Il a le droit à un peu de paix.

Je m'en veux de penser tout cela, de l'avoir dit. Je ne suis pas courageuse. Je voudrais une vie lisse, belle, sans complication. N'est-ce pas égoïste tout cela ? Je me secoue. Mais regarde-toi, pauvre fille. N'est-ce pas toi qui écris sur le respect et le sacré de la vie ? Donner des leçons par le biais d'un dossier, d'un article bien troussé, tu sais. Mais dès qu'une difficulté se présente à toi, tu l'éloignes. Il y a loin de la coupe aux lèvres. Au fond, ça t'arrangerait bien que ton père meure ! Jusque-là tu as fait ce qui devait l'être. Mais il ne faut pas que la situation s'éternise. Un peu de larmes et de tristesse. C'est la vie, on naît, on meurt. Au suivant !

J'ai honte, terriblement honte.

— *Laisse les choses se faire.*

Tu as raison papa, me dis-je, pourquoi se tracasser ? En sortant de l'hôpital, je plonge au cœur de la vie, rien qu'en passant devant une école. C'est l'heure de la sortie des classes. Des enfants traversent la cour joyeusement, les yeux brillants, le sourire aux lèvres et retrouvent leur maman ou la nourrice qui les garde. Les goûters sont sortis. Des frimousses se barbouillent de sucre et de chocolat.

Il y a du bonheur dans l'air. J'aperçois un grand-père sans doute avec un de ses petits-enfants. Il est toute tendresse avec lui. Mon père le fut avec nos fils, les gavant de bonbons. Parfois je me fâchais, dressais le spectre des caries et des soins chez le dentiste.

— Chez toi, tu fais ce que tu veux. Chez moi, j'ai bien le droit de donner des bonbons et du chocolat à mes petits-fils.

Plus tard, il est arrivé qu'il joue à la belote avec eux quand il venait en vacances à la maison à Paris, puis en Alsace puisque nous y avons passé presque cinq ans.

L'Alsace ! Cinq années de bonheur avec un grand jardin qu'il m'a aidée à mettre en place. Il se sentait chez lui, aidait à la cueillette des haricots, les épluchait. On stérilisait ensemble. On préparait des sauces tomate, des confitures, de la compote de pommes, des tartes à la rhubarbe.

— Tu ne mourras pas de faim cet hiver, disait-il en plaisantant.

Il allait au marché et revenait le sac rempli de spécialités : charcuteries et munster. Le munster, sa folie ! Plus il coulait, meilleur il était.

Je n'ai jamais oublié une arrivée à la gare de l'Est. Papa et maman se rendaient chez Geneviève à Orléans. Ils avaient décidé qu'ils ne sauraient pas changer de gare à Paris. J'avais prévu de quitter la radio pour aller les accueillir gare de l'Est, déjeuner avec eux et les remettre dans le train à la gare d'Austerlitz. Geneviève les attendrait à la gare des Aubrais. Je n'étais pas en retard. L'arrivée du Strasbourg-Paris était prévue voie 26. J'allais et venais sans impatience entre le kiosque et le quai. J'ai vu leur train entrer en gare, et d'où je me trouvais, près du kiosque à journaux, j'ai tout de suite repéré mes parents à la hauteur du deuxième wagon. Un wagon de première. Ils étaient attendrissants tous les deux et se chamaillaient, ça se voyait. Papa râlait car sa Jeanne n'allait pas assez vite. Il portait deux valises. Il peinait, tandis que Madame la baronne, disait-il, se permettait de flâner, comme devant les vitrines des magasins. Il ne fallait pas être en retard. Il avait toujours peur de l'être.

— Enfin quoi, t'es pas chargée comme moi, t'as qu'un petit sac ! Maman trottinait avec son sac à ouvrage. Elle ne se déplace jamais sans une montagne de pelotes de laine à tricoter, et de napperons à broder.

J'ai toujours eu de l'odorat. Le nez de mon père, aurait dit grand-mère Mélie. Que se passait-il ? Le restaurant de la gare recevait-il de puissants et odorants fromages, car on percevait bien une odeur de... de... Je reniflai attentive. Ce n'était pas de derrière moi que venait cette odeur de... C'était de devant... J'avais le vent de face et il poussait cette terrible odeur. Non ce n'était pas possible ! Papa n'avait pas osé ?

— Ah, ma grande ! cria papa alors qu'il était encore à une vingtaine de mètres. Si tu savais...

Je savais.

— Devine, ce que j'ai là-dedans !

Il soulevait une des deux valises. J'ai mis une main devant ma bouche, presque horrifiée.

— Non, tu n'as pas fait cela ?

— Si, et tu peux me croire qu'il est bon, un vrai plaisir.

— Mais ça sent, papa, ça sent très fort.

— Oh non, pas tellement, je l'ai bien emballé dans l'aluminium et je l'ai mis dans un Tupperware, comme tu nous as appris pour ne pas empester le frigo.

— Ça sent quand même.

— Alors, c'est qu'il est bon. Le Jean-Claude va être rudement content.

— Mais pas Geneviève, elle déteste les fromages en général et le munster en particulier.

Il riait heureux, pas gêné du tout.

C'est sans doute lui qui avait raison.

— Et tu as vu, j'ai eu pitié de ta mère, on a voyagé en première, pour avoir de la place.

— Remarque, avec le munster, t'aurais eu de la place, même en seconde.

— J'avais promis la première à ta mère, et elle l'a eue.

Avec le munster en prime.

Lundi 18 septembre

Les jours défilent, identiques pour toute la famille, tandis que le temps s'est figé pour un homme toujours relié à un souffle de vie par quelques tuyaux et sondes. L'infection pulmonaire se manifeste à nouveau. La respiration de papa semble douloureuse. Parfois sa poitrine se soulève un peu plus violemment, son visage se crispe. Les médecins ont beau m'assurer que tout est fait pour qu'il ne souffre pas, j'en doute un peu. Ce week-end son visage a pris une teinte grise. J'en parle à l'infirmière de service.

— Non, il ne semble pas, sans doute est-ce parce que cette chambre-là est moins lumineuse que celle des soins intensifs.

Elle se veut rassurante. L'espace d'une fraction de seconde, je le confesse, à un moment où mon père semblait souffrir, et après avoir lu la feuille de santé posée sur le meuble à côté de son lit, j'ai eu la tentation de débrancher l'une ou l'autre machine pendant que maman s'était absentée. Que se serait-il passé ? Le rouge aux joues m'est venu. Une honte terrible. Méchante et indigne fille.

— *Laisse les choses se faire.*

*

Ce matin, à la radio, Christine Angot me fait face pour *Interview.* Qui dira la somme de souffrance qu'abrite ce petit bout de femme ? Dans un livre précédent, elle avait révélé les atteintes d'un père sur sa fille. Offense et indignité étroitement mêlées, écrites, non écrites, mais à lire entre des lignes, parfois violentes, mais nécessaires pour qu'une personne outragée puisse se reconstruire. *Interview* c'est le récit qui met en accusation des journalistes friands de sensationnel, qui veulent savoir très exactement comment les choses se sont passées. Des questions indiscrètes, impudiques, déjà porteuses du jugement qui fait si mal.

Quand mon père avait connaissance de pareils faits, il disait que ces gens-là, ces pères qui abusaient de leur enfant, étaient à pendre, sur la place publique.

— Tu vas m'engueuler, toi qui milites pour les droits de l'homme et refuses la peine de mort. Mais ces hommes-là ne méritent pas de vivre.

Il adorait discuter haut et fort. Le ton montait. Longtemps je l'ai suivi comme dans un jeu. Ni lui, ni moi ne voulions céder. Et maman, dérangée dans l'une ou l'autre lecture, s'écriait :

— Enfin quoi, c'est pas fini vous deux, quand c'est pas pour la politique, c'est pour autre chose !

Il se tirait bien des situations embarrassantes, mon père, avec un certain panache même.

— Qu'est-ce que tu veux, avec ta mère on peut pas causer. Elle s'énerve tout de suite. Viens on va faire un tour au jardin.

*

Les bulletins de santé de mon père tombent avec une régularité angoissante : état stationnaire. Les scanners se succèdent avec des résultats identiques aux précédents. Aucune évolution notoire. Le découragement nous saisit à tour de rôle et pourtant il faut vivre.

Mercredi 27 septembre

La parution d'un livre de Christian Bobin est toujours un événement pour ses lecteurs. Depuis *Le Très bas* qui le fit se pencher avec bonheur et poésie sur le personnage de François d'Assise, il a trouvé sa place dans la littérature. Une place méritée et qui l'a fait connaître et reconnaître. Nous avons rendez-vous pour parler de *La Folle Allure,* un roman évoquant l'esprit d'enfance dont il ne peut — heureusement — se défaire. Que j'ai aimé lire sous sa plume l'histoire de Prune, insaisissable petite fille qui s'échappe d'un cirque pour aller mordre dans la vie à pleines dents ! Ce matin, Christian Bobin sera mon invité, il viendra avec les musiques qu'il aime. Michel sera là pour le photographier, car l'essentiel de cette émission devrait être publié dans un journal alsacien. De temps à autre, nous travaillons ensemble.

J'arrive toujours très tôt pour les émissions de radio qui ont lieu en direct. D'une part par prudence, car les trains de banlieue sont souvent en retard, et d'autre part parce que j'ai besoin de réviser ma leçon. Je suis restée un peu scolaire. Mais avant tout, j'ai besoin de « débrumer », ma tête, ma raison. Aussi, comme à la maison, je commence par préparer un café, un vrai café dont l'arôme va mettre toutes les papilles en éveil. Puis, sur le plateau, je dispose tasses et soucoupes, petits gâteaux et chocolat. Bien sûr, les amateurs de thé peuvent aussi être comblés et choisir entre deux ou trois variétés.

Il est huit heures, un soupçon d'angoisse m'enveloppe bien que je sois dans les temps prévus. Entrons dans *La Folle Allure.* Les notes de lecture s'étalent devant moi sur le bureau. Le nez en l'air, le regard perdu au plafond, j'appelle mes muses afin de trouver quelques phrases d'introduction qui seront dites sur les dernières mesures du générique de l'émission. Présenter l'auteur, ordonner les questions qui me viennent spontanément à l'esprit, je tente de jeter quelques mots sur une page blanche.

Je ne vais pas plus loin, un bruit d'ascenseur me tire de mes réflexions au moment où je perçois une présence. L'instant d'après, dans l'encadrement de la porte, Christian Bobin est là.

— Bonjour, je suis en avance et plutôt que d'entrer au café au coin de la rue, je suis monté.

Il s'assied, préoccupé et attentif à la fois.

— Vous allez bien ?

Et il dit tout aussitôt d'une voix douce mais fébrile et précipitée.

— Vous savez, elle est morte, mais je ne réalise pas, pas encore. C'était si vite, pas prévu, pas comme ça. C'est étrange, elle est encore tellement présente que je n'ai pas de chagrin. Ça va venir, sûrement, plus tard, oui ça viendra, enfin je ne sais, sans doute parce que je ne réalise pas.

Il a pris la tasse de café tendue, boit quelques gorgées avant de l'éloigner et de la reposer.

— Elle est partie, à quarante-quatre ans à peine.

J'ai compris. Il n'y a qu'une personne qui puisse causer cette présence-absence à Christian Bobin. C'est *L'Inespérée,* Ghislaine, cette femme, mère de plusieurs enfants, amie et complice de la pensée, celle qui a su le conduire jusqu'au seuil de l'Église pour qu'il redécouvre *L'Homme qui marche.* Mon sang se fige, glacé, en recevant cette confidence.

— Qu'est-il arrivé ?

— Une rupture d'anévrisme, c'était le 12 août. Elle est morte presque aussitôt.

Je voudrais ne rien dire de moi, tant il est cruel qu'une maman soit ainsi la cible de la mort. Si je disais quelque chose de lui, il me semble que mon père se dresserait, dirait : « Tais-toi donc, moi, c'est normal, j'ai l'âge. Je ne laisse pas de petits derrière moi. Mais cette mère... Tu veux que je te dise : le Père-Bon-Dieu, il se fait vieux. Il devrait quand même surveiller son domaine d'un peu plus près. C'est bien beau la liberté. »

— Et vous ? interroge Christian Bobin.

Je souris.

— Des soucis, ça se voit.

— Rien, rien en comparaison de ce que vous vivez.

Finalement je parle.

— Le 19 août, mon père a aussi été victime d'une rupture d'anévrisme. Depuis, il n'arrive ni à vivre, ni à mourir. Il est dans le coma et il y a peu de chance pour qu'il revienne de ce douloureux voyage. Mais bon, comme le disent les gens sensés, il a fait sa vie. Le plus douloureux, c'est de suivre cet état : être et ne pas être à la fois. Encore que nous sachions si peu de chose de cet état transitoire qu'est le coma.

Michel est arrivé et fait diversion. L'auteur se prête de bonne grâce au petit jeu des poses. Quelle est cette capacité à faire comme si rien de grave n'était arrivé ? Comment rester dans le jeu de la vie ? Pourtant, quand on sait, quand on observe Christian Bobin, au fond du regard, oui c'est cela, au fond du regard la lueur a disparu.

Pour l'émission, il faut trouver le bon rythme, s'attacher aux détails qui vont séduire l'auditeur, le captiver. Mais est-ce si important ? N'y a-t-il pas quelque chose de dérisoire dans ce jeu de la séduction qui fera grimper l'audimat ? Ce qui compte, c'est la rencontre, ce temps happé à l'éternité, cette fraction de lumière dérobée, capable d'éblouir un morne quotidien. Nous voici, nous voilà sur une corde tendue à faire le funambule, mais sans fard et sans paillette. Seul le souffle vrai, pour tenter d'approcher cette vérité que tout être assoiffé quête d'une voix tremblée.

Et l'émission a lieu, profonde, grave aussi mais avec le rire entre parenthèses, le rire de Prune, d'Aurore, Marilyn ; l'héroïne de *La Folle Allure* a tous les noms. Enfant de la balle, enfant de la vie, de l'amour et pour l'amour, elle marche sur un fil, bat des mains quand le clown entre en piste. Le soir, les nuits, elle rêve d'un loup-prince charmant. Entre deux phrases, entre deux confidences — le micro n'existe plus —,

L'Hymne à l'amour d'Édith Piaf, quelques notes du Requiem de Fauré, la délicate caresse à la mort pour l'apprivoiser. C'est difficile de laisser passer de l'autre côté ceux que l'on aime. Ils empruntent un chemin inconnu et s'effacent peu à peu de notre champ de vision, jusqu'à disparaître. Qui a le pouvoir de les faire revenir, comment être Orphée ? Seuls les écrivains ont ce pouvoir. Bien dirigée, inspirée, une plume traverse le temps, les espaces, les murs et les miroirs. Dans quatre ans, Christian Bobin le pourra avec *Geai*. Il contera, avec l'esprit d'enfance qui lui va si bien, l'histoire d'une jeune femme vêtue de rouge, prisonnière entre les glaces du lac. *Geai* apparaîtra à un enfant encore neuf, épargné par la vie et le monde des grands. En ce début d'automne, Christian Bobin erre entre deux mondes.

*

Le chirurgien qui a opéré papa m'appelle au journal. Il ne garde plus d'espoir de voir mon père retrouver son autonomie. Les scanners ne montrent aucune amélioration depuis cinq semaines. Il va donc être dirigé vers un centre de long séjour. Nous réfléchissons ensemble au meilleur lieu. Le meilleur sera sans doute celui qui sera le plus proche pour maman qui ne conduit pas et ne peut se déplacer seule. À Pompey, en face de la maison de retraite, se trouve un hôpital qui pourrait accueillir papa, à condition qu'il y ait de la place.

— Sinon on peut essayer Lay-Saint-Christophe, c'est bien pour lui, mais plus loin pour votre mère.

Je vais faire tout mon possible pour que votre père soit dirigé sur Pompey et surtout je vais prévenir votre maman cet après-midi quand elle viendra à la visite.

On a beau savoir tout cela, en discuter, chercher à obtenir de plus amples renseignements dans les livres ou auprès des médecins amis, lorsque tombe le verdict du corps médical, on reste abattu, sans ressort.

Écrasé.

Lorsque j'appelle maman, vers 17 heures, elle vient de rentrer de l'hôpital. La cousine Angèle l'a accompagnée. Elle est bouleversée.

— Demain, il sera à Pompey. Le chirurgien a été très gentil, mais il m'a dit la vérité. Oh il ne m'a rien appris, seulement l'attente.

La si longue et insupportable attente avant l'absence.

Les voisines entrent et sortent de chez maman. Elles prennent des nouvelles. Leur présence fait du bien à maman. Chacune se croit obligée de la consoler en meublant le silence de vaines paroles d'espoir. L'une avance que la médecine peut se tromper, que son mari va peut-être bien guérir. Une autre cite l'exemple d'une cousine, qui avait une amie dont l'oncle avait vécu les mêmes affres que papa.

— Il était dans le coma, la même chose que Roger, et aujourd'hui le monsieur vit toujours, et il a toute sa tête.

Il y a pis. Ce sont les personnes qui, avec les meilleures intentions du monde, s'inquiètent déjà de l'après... Des papiers, de la concession au cimetière, de la succession. Et comme, visiblement, maman se moque bien de ces détails, elle se fait gentiment gronder.

— Ces choses-là, faut pourtant bien y penser Jeannette.

En d'autres circonstances, maman se serait rebellée. Aujourd'hui, elle n'entend rien, regarde au loin, hausse imperceptiblement les épaules. Pourquoi lui mentir ? Elle a compris. Tout le monde sait que, lorsqu'on quitte Nancy dans le coma pour un autre lieu, c'est que tout espoir de guérison est abandonné. La mort a déjà fait son œuvre.

— J'aurais seulement voulu qu'il revienne chez nous. Mais il paraît que ce serait une trop grande charge pour moi.

Je rassure maman. Michel et moi serons avec elle dès vendredi en tout début d'après-midi. Nous quitterons Paris aussitôt après l'émission de radio. Je comprends son chagrin.

— Je t'embrasse de tout mon cœur.

Que pourrais-je ajouter qui esquisse un sourire sur ses lèvres ?

*

Je m'étais fait tout un monde d'être, en partie, obligée d'interviewer la chanteuse devenue député européen, et j'ai rencontré une femme, son vrai visage de femme, à peine maquillée, coiffée comme tout le monde et, de surcroît, le bras dans une écharpe.

— La fin d'un petit bobo qui sera un mauvais souvenir le jour où je serai sur scène à l'Olympia. C'est un tel plaisir de chanter à Paris.

Nous avons parlé de son métier, de ses projets. Puis des choses du monde, de ses engagements politiques. Nana Mouskouri a confié son souci du devenir des enfants. Elle a insisté sur le rôle des adultes, sur leur responsabilité d'éducateurs à la critique. C'est le seul moyen de préserver la démocratie. Elle a évoqué la longue nuit tombée sur la Grèce lorsque les colonels s'en emparèrent. Une terrible page d'histoire dont aucun pays n'est vraiment à l'abri. Il faut demeurer vigilant.

— La dictature est la plus épouvantable des guerres. Si je peux dire cela et être entendue, alors je n'aurai pas perdu mon temps au Parlement européen.

Gentiment féministe, elle a ajouté que les femmes avaient un rôle essentiel dans la vie du monde. De par leur caractère, leur sensibilité, elles peuvent et doivent, avec le sourire — mais efficacement —, bousculer les hommes au pouvoir.

Je suis presque heureuse de ma rencontre. Les auditeurs devraient l'être aussi le jour de la diffusion de l'émission. J'interviendrai en direct pour lancer les pauses musicales. Je n'aime pas faire croire aux auditeurs que nous sommes en direct quand cela n'est pas vrai. Sur le calendrier des programmations, j'inscris Nana Mouskouri : 11 octobre. Les attachés de presse seront satisfaits, ce sera une bonne publicité avant son passage sur scène.

Vendredi 29 septembre

C'est un jour frais. La terre rend les odeurs de l'été maintenant qu'elle est mouillée. À mesure que nous nous rapprochons de Nancy le ciel semble se dégager. De chaque côté de la Nationale 4, des brumes courent à ras de terre. Le soleil a réussi à s'installer dans le ciel. Les vallons s'offrent déjà parés de roux et d'or à leur sommet. L'après-midi sera presque radieux. C'est un temps à aller aux champignons, dirait mon père. Il les connaissait tous et tirait une certaine fierté de son savoir.

— Je suis peut-être un manant, mais pour les champignons, j'en sais autant que le pharmacien, affirmait-il en posant l'index droit sur son front.

En forêt, il savait où les trouver, au pied de quel arbre. Il aimait faire halte au cours de ses longues randonnées et écouter les bruits de la forêt. Enfant, je l'ai souvent accompagné. Il marchait vite, mes petites jambes avaient parfois bien de la peine à le suivre. Soudain, il s'arrêtait net.

— Écoute, par là, c'est un rossignol. Ici, il y en a.

De temps à autre, il sifflait comme les oiseaux et les oiseaux lui répondaient. Il arrivait qu'il me conduisît près du bouillonnement d'une petite source. J'entendais alors le chant de l'eau sur quelques roches. Il m'a aussi appris à me fondre dans la nature, à demeurer immobile pour ne pas effrayer les bêtes qui allaient et venaient. J'ai vu parfois un lièvre à moins d'un mètre me fixer dans les yeux ; un écureuil sauter de branche en branche ; une biche quitter un fourré, traverser le chemin pour disparaître dans un taillis. Jamais je n'oublierai certains gestes d'amour. J'ai vu des oiseaux se caresser du bec. Il arrivait que mon père me hissât sur ses épaules tout près d'une haie... Je pouvais alors contempler le plus charmant des tableaux, un couple de merles se relayer pour donner la becquée à leurs petits.

Quand le printemps semblait en avance et qu'au loin un coucou chantait, il disait :

— Si le coucou chante sur la forêt creuse, il neigera sur les feuilles.

Il se trompait rarement. J'ai tout appris de lui, à reconnaître les arbres, à me méfier des endroits où pullulent les vipères, à marcher sur les sentiers en frappant le sol avec un bâton pour les faire fuir. Chaque sortie dans la nature était une véritable leçon de choses. Je rêvais toujours de rencontrer un animal rare, un peu sauvage, blessé peut-être, que nous aurions apprivoisé en le soignant. Il aurait été heureux et nous serait demeuré éternellement reconnaissant. Mira, la chienne, lui aurait fait une petite place dans sa niche. À l'usine, à l'heure de la pause casse-croûte, mon père gardait toujours un reste de saucisson, ou de pâté, ou une sardine au fond de la boîte pour les chats à demi-sauvages qui couraient entre ferraille et tôles. Un soir de novembre, il revint à la maison. Après avoir accroché sa musette au portemanteau fixé sur le côté du placard de cuisine, il me fit signe de m'approcher doucement. Il ouvrit le haut du col de sa canadienne. Il avait mis son index sur sa bouche. Et j'ai vu l'incroyable, lové contre sa poitrine, une masse de poil soyeux d'où émergeaient deux petits yeux jaunes. C'était un adorable chaton tigré qui salua la maison d'un miaulement attendrissant. Mon père le dégagea et me le tendit. J'étais folle de joie devant cette petite merveille ronronnante qui ne demandait qu'à être aimée. Papa avait réussi, disait-il, à l'apprivoiser, à l'attraper. Il était persuadé d'avoir participé à un sauvetage. Grâce à lui, cette petite bête-là n'aurait plus jamais froid, ni faim. Il ne supportait pas la souffrance des animaux, aussi je ne comprenais pas qu'il pût tuer les lapins que je caressais quand j'allais au jardin avec lui.

— Celui-là était devenu méchant. Il avait l'âge d'être mangé, disait-il pour essayer de calmer mon indignation d'enfant. La nature a fait les choses ainsi. Nous avons tous besoin des autres pour vivre.

J'ai parfois jeté un œil pour regarder faire mon père après la mort du lapin. Il l'écorchait, lui retirait la peau, celle-là même qui serait vendue au marchand de peaux de lapin. La vue des viscères, quand « il l'opérait », me fascinait jusqu'à l'écœurement. Je me faisais la promesse de ne jamais manger Jojo quand viendrait son tour. Il était trop mignon quand ma sœur et moi approchions de son clapier. Il nous reconnaissait. Il finissait sur les genoux de l'une ou l'autre. Il y eut même un jour où ma sœur estima que les lapins n'avaient pas à être enfermés. Elle les lâcha tous. C'est Mira qui aida mon père, très fâché ce jour-là, à les récupérer. Affolés, ou ivres de liberté, les pauvres bêtes couraient dans tous les sens. La petite sœur avait déjà fait la même chose avec les poules un peu auparavant. Je me rappelle de la fessée reçue. Rien qu'au souvenir, j'en ressens encore la brûlure. Quelle injustice à cause de cette chipie qui inventait n'importe quoi puisqu'elle savait que c'était moi, la grande, qui paierais l'addition. J'essayais de me défendre, de trouver une sortie aux frasques de ma cadette.

— Mais c'est pas moi qui...

— Tu es l'aînée, tu dois la surveiller et donner l'exemple.

*

Pauvre papa allongé sur son lit d'hôpital à Pompey, contraint de respirer avec une assistance respiratoire et branché à gauche, à droite. Un bocal pour être nourri, l'autre pour recevoir les antibiotiques et analgésiques, puisque ses bronches sont très encombrées. Je prends sa main en arrivant. Il est fiévreux. Mais son visage est moins gris que la semaine passée.

Je poursuis mon étrange dialogue avec lui. Perçoit-il ma lassitude ? Comment être davantage tonique ? Je n'y arrive plus. Je suis fatiguée et me surprends à penser :

— Mon Dieu, montrez votre présence et délivrez-le de cette captivité. Cette attente sans espoir est bien trop cruelle pour tous.

— *Laisse les choses se faire.*

La sagesse comme la patience sont des vertus inaccessibles parfois.

Je ne sais pas pourquoi, à propos d'attente et de sentiments qui peuvent fendre le cœur, je songe soudain à ma cousine Yolande, la sœur de Joselyne — Dine-dine — comme disait papa. Yolande ou dame patience dans ses amours avec Marcel, qu'elle voyait si peu puisqu'il était enfant de troupe au Mans. Les étés les réunissaient autant que faire se peut, certains soirs et les week-ends, si Marcel avait rempli son devoir filial. Il devait aider ses parents aux champs ou dans les travaux de rénovation de la maison.

Nous avons connu des étés de canicule quand j'étais enfant. Des étés où il n'était pas possible de mettre le nez dehors pendant les après-midi tant le soleil était chaud. Afin de nous permettre de mieux dormir, de temps en temps, maman proposait à papa de faire une promenade après souper. Un petit tour jusqu'à Bouxières-aux-Dames avec une halte aux Trois Marronniers, la brasserie des lieux pour y boire un diabolo-menthe. La suprême récompense. Rien ne nous réjouissait plus que de retarder l'heure du coucher et de marcher le long des arbres qui bordaient la route de Bouxières. Le soir était tombé, les feuillages frémissaient au moins autant que le cœur de ma cousine sous son plus joli corsage. En nous voyant partir, elle s'était invitée.

— Tante Jeannette, je peux venir prendre le frais avec vous ? Maman est d'accord.

Envie de fraîcheur, la gentille cousine ? Elle avait surtout le désir de rencontrer Marcel. Forcément nous passerions sous son mur. Forcément il y serait assis attendant lui aussi la venue d'une douce nuit d'été, une nuit peuplée de rêve, toujours le même, celui d'une fée qui aurait la grâce de la petite fille rencontrée un jour d'inondation, quand la Meurthe était allée faire la folle jusque sur la chaussée.

Des voix, des cris d'enfants. Marcel, sans doute aux aguets, avait prestement sauté par-dessus la clôture pour enlacer amoureusement celle qu'il aimait. Maman était dans la confidence, j'en suis bien certaine.

Au début, papa taquinait.

— Ah, c'est Roméo qui était au balcon et Juliette qui rôdait dessous.

Ma sœur et moi pouffions de rire, tandis que maman prenait tout de même quelques précautions avec nous.

— Ne vous retournez pas, vous n'avez pas encore l'âge.

Papa finissait toujours par s'énerver, car les petits amoureux marchaient plus lentement, prenaient du retard. La nuit tombée était complice des mille promesses et serments échangés entre deux baisers. La nuit avait vu le brin de menthe être glissé dans l'échancrure du corsage.

— Je ne voudrais pas avoir d'histoires avec Gaston et Yvonne, disait papa.

Maman le rassurait.

— De toute façon, Yvonne est au courant. Elle ferme les yeux et saura bien inventer quelque chose pour détourner l'attention de ton frère jusqu'à ce qu'il s'habitue.

— Ils sont bien jeunes quand même ces deux-là, reprenait mon père.

— As-tu oublié ta jeunesse ?

— La jeunesse, la jeunesse... Nous, c'était la guerre.

— Justement, nous n'avons pas eu le temps d'être un peu fous.

— Quand même, seize ans, ils n'ont que seize ans.

— Et alors, l'amour n'a pas d'âge.

— T'en parle à ton aise, c'est pas ta fille.

Il avait touché juste là où il fallait. Maman avait soudain quelques remords et se retournait davantage sur les petits amoureux, vérifiant qu'ils étaient à portée de regard.

Je ne sais pas si mes souvenirs sont embellis, mais je crois bien que, ces soirs-là, maman ne se dérobait pas quand papa lui prenait la main, ou effleurait sa joue.

*

Le mot hôpital est synonyme d'odeurs étranges, de sentiment d'abandon, d'angoisse, de tristesse. Là où se trouve mon père, l'atmosphère y est particulièrement vide. Vide de présence, de chaleur. Demander à une infirmière responsable du service à quelle heure il est possible d'appeler pour avoir des nouvelles d'un homme dans un coma profond est quasiment incongru. Ma question n'a pas lieu d'être. C'est cela que me signifie cette femme dont je ne doute pas des compétences techniques. Elle me regarde avec des yeux ahuris. Enfin quoi, depuis tous ces jours, je devrais avoir compris que cet homme de 73 ans ne guérira pas, ne guérira plus et qu'il va bientôt mourir.

— C'est évident, madame, nous faisons tout ce qu'il faut pour qu'il ne souffre pas. Oui, vous serez prévenue de l'issue.

J'insiste, j'aimerais être prévenue avant l'issue pour revenir, pour lui tenir la main... Non, elle ne comprend pas. Son silence est significatif. Pour elle, ma présence ne changera rien puisqu'il est dans le coma. Enfin soit, elle veut bien noter mon numéro de téléphone puisque j'insiste.

Lundi 2 octobre

Maman continue de visiter mon père. J'ai repris le travail et appelé l'hôpital de Pompey. Naturellement, j'ai dû m'armer d'une dose de patience inouïe avant d'obtenir des informations sur l'état de santé de papa. La personne qui s'en occupe était momentanément sortie. Son adjointe n'était pas encore arrivée. J'ai fait part de mon étonnement, ai demandé qu'on veuille bien m'excuser par avance si je m'étais trompée. Il faut savoir marcher sur des œufs, ménager les susceptibilités, ne pas bousculer le pouvoir en place.

— C'est bien l'heure à laquelle il faut appeler pour avoir des nouvelles des malades sans déranger le personnel ?

— Tout à fait, mais cette heure est aussi celle du personnel, qui a besoin de s'aérer, vous comprenez ? — Quelle sotte je fais ! — Enfin, pour votre père, que dire de plus ? On fait ce qui est à faire et puis, on attend.

Je surprends des soupirs. Apparemment, accompagner des grands malades ou des mourants n'est pas inscrit au calendrier des préoccupations de cet hôpital, sauf pour une personne. La religieuse responsable de l'aumônerie des lieux qui fait une halte dans chaque chambre et prie. Au moins, un peu de compassion est donné, une fenêtre s'ouvre pour atteindre l'invisible, l'indicible. Des notions étranges pour l'ensemble du personnel soignant, sans doute débordé par l'ampleur des tâches à accomplir.

Si mon père perçoit les allées et venues des uns et des autres dans ces sinistres couloirs où le seul bruit est celui des pas et des chariots chargés de médicaments... Si mon père voit l'une ou l'autre personne âgée se déplaçant avec un déambulateur ou dans un fauteuil roulant, que doit-il penser ? Tout est calme, du même calme craintif et respectueux préfigurant le grand sommeil. La morgue est située face à la chapelle dans le même couloir, au même étage que la chambre où papa est allongé. Maman passe devant ces lieux tous les jours quand elle longe le couloir au bras d'une voisine ou d'une cousine pour retrouver le compagnon d'une vie. Elle frissonne devant la porte de la chapelle. Non, elle n'entrera pas. Ce n'est pas l'heure. Pas encore.

— Pas trop vite, s'il vous plaît, doit-elle murmurer à Dieu.

Elle apprivoise les lieux, à petits pas, d'un souffle court. Elle n'a pas vu, ne veut pas voir le salon mortuaire. Elle baisse les yeux de peur d'être happée par Dame la Mort. Avec elle, on ne marchande pas.

C'est dans la maison de Frouard que maman prie le soir, avant la venue du sommeil, après avoir repassé le fil de sa vie, de ses rencontres, de ses joies et de ses chagrins.

— Laissez-moi encore un peu de temps, même si je suis épuisée.

Là, dans cette maison, papa ressentait le bonheur d'être enfin chez lui, car il y avait un jardin, un potager, des rosiers rouges et jaunes, des pommiers et un lilas où les mésanges et les merles s'en donnaient à cœur joie dans les ramures frissonnantes.

Il y fut pleinement heureux, le plus heureux des hommes, avec la crainte que tout s'achève un peu trop vite.

— Tu ne l'abandonnerais pas ta mère, s'il m'arrivait quelque chose ?

— Que veux-tu qu'il t'arrive ? Tu pètes la forme, mon petit papa.

Il souriait. Il espérait bien vivre longtemps encore, comme sa mère, comme Adèle son aînée de vingt ans. Adèle sa toute belle. Adèle qui essuie délicatement le coin de ses yeux pour évoquer son frère et ce qu'elle considère comme une injustice divine.

Pour la distraire et distraire maman par la même occasion, je la questionne sur son passé, lui demande comment elle a connu Eugène, son mari.

— Ça, c'est une histoire peu ordinaire ! Eugène était déjà fiancé à une cousine qui m'invita pour me le présenter. Je suis entrée chez elle, Eugène était déjà arrivé. Il n'a plus vu personne. Que moi. T'appelle ça comment toi ? Le coup de foudre ? Eh bien, il l'avait attrapé le coup de foudre, et moi aussi. Il disait qu'il était chamboulé, tout chaud dans le cœur rien que de me regarder. Moi, c'était la même chose, mais je m'interdisais de le penser. Ça ne se faisait pas. Je me disais : tu dois partir, tu n'as pas le droit de briser le cœur de ta cousine. Que faire ? Eh bien c'est la cousine qui s'est effacée. Elle a compris.

En fait, leurs parents avaient préparé leur rencontre. Elle et Eugène se plaisaient bien, mais ce n'était pas l'amour. Longtemps après, Eugène m'a dit : « Dès l'instant que je t'ai vue, j'ai su que je ne pouvais plus me marier avec elle. Si Lilette ne s'était pas désistée, je serais parti me battre à la Légion ou à l'autre bout du monde pour ne pas être obligé de faire la noce avec elle. »

*

Adèle est repartie à Champigneulles. J'essaie encore de faire rire maman en lui racontant ma rencontre avec Daniel Picouly, l'auteur du *Champ de personne,* dernier-né d'une famille de treize enfants dans une famille ouvrière entassée avec bonne humeur, tendresse et amour dans un trois pièces-cuisine. Je suis certaine qu'elle lira avec plaisir comment *la m'man,* quasiment illettrée, a pu passer le permis de conduire dûment préparée par ses filles qui avaient installé leur mère, assise sur un tabouret posé sur la table de cuisine, un manche à balai dans la main droite pour apprendre à passer les vitesses. Maman imagine le tableau et sourit. J'entends cela à sa voix. Mais cette bonne humeur n'est que passagère. Papa est fiévreux et s'épuise à lutter. Pour quoi ? Pour qui ?

*

J'ai commencé le livre de Marie de Hennezel, *La Mort intime,* et je suis bouleversée aux larmes : *Alors que la mort est si proche, que la tristesse et la souffrance dominent, il peut encore y avoir de la vie, de la joie, des mouvements d'âme d'une profondeur et d'une intensité parfois encore jamais vécues...* Certes, mais que puis-je faire aux côtés de mon père. Quel échange avons-nous ? Il ne parle pas, ne nous voit pas...

Il peut encore y avoir de la joie... Mais laquelle, sur quel terrain hormis celui des souvenirs ? Dans nos échanges, je rejoins mon père dans son présent, et tente de l'embarquer dans un possible avenir. Le chemin n'est pas fini. Il y a encore tant à faire. Je le lui dis, le lui répète. Et il ne répond pas. J'ai beau dessiner des paysages, l'y inviter. C'est le silence. *Quand on ne peut plus rien faire on peut encore aimer et se sentir aimé, et bien des mourants, au moment de quitter la vie, nous ont lancé ce message poignant : ne passez pas à côté de la vie, ne passez pas à côté de l'amour...*, écrit encore Marie de Hennezel. Combien de fois nous serons-nous frôlés sans nous comprendre, combien de fois aurons-nous manqué à l'amour ? J'ai le sentiment d'être parvenue à ce moment ultime. Mais une brume épaisse nous a placés, lui et nous, de chaque côté de ce voile. Je vois un corps inerte et des yeux clos. Mais lui, mon père, que voit-il, qu'entend-il ? Je supplie Dieu, s'il existe, de tendre l'oreille à ma plainte, de m'écouter. Pouvoir échanger, ne fût-ce qu'un bref instant avec mon père... Qu'il ouvre les yeux, nous reconnaisse, que nous puissions nous parler ! Nous dire que nous nous aimons avant l'au revoir ou l'à Dieu ! Je voudrais crier à mon père que je n'ai pas oublié mon enfance, celle qu'il a voulu habiller de cadeaux, lui qui en avait si peu reçu.

Comment fit-il au sortir de la guerre, quand tout était encore avec tickets, pour m'offrir, un jour de Saint-Nicolas, un magnifique ours brun ? Il avait été fait sur mesure par une couturière — la femme d'un copain d'usine — qui avait travaillé avant la guerre à la fabrique de jouets. Mon père avait fourni du crin et du son pour remplir l'ours, et quelques douzaines d'œufs de ses poules — une petite taxe supplémentaire pour le prix de la confection de l'ours. Papa revenait épuisé après une nuit passée aux laminoirs. Je l'entendis rentrer, me levai et vis l'énorme paquet.

— J'étais sur le chemin de Montataire quand j'ai rencontré le saint Nicolas qui harnachait sa bourrique pour sa tournée pendant que le père Fouettard réparait sa hotte. Le pauvre saint Nicolas était si chargé qu'il m'a donné ton cadeau, car tu as été bien sage quand la sœur infirmière est venue te faire des piqûres.

J'écoutais admirative et tremblante à la fois. Les yeux encore pleins de sommeil. Sorti de son emballage, l'ours était posé assis sur une chaise. Superbe ! Une peau brune comme du pain d'épice, bouclée et sans doute bien douce au toucher. Je n'osais pas m'en approcher. Pas encore.

— Il est peut-être trop gros, elle en a peur, souffla papa presque déçu.

Je n'en avais pas peur. Il était au contraire rassurant, presque souriant. Mais je devais rêver. Dans ma tête d'enfant résonnaient les clochettes des fées, des lutins, de la bourrique de saint Nicolas. Et voilà que ces rêves arrivaient jusque dans notre maison qui devenait chaleureuse à mesure que le feu prenait et crépitait dans le poêle. Cet ours superbe, semblable à ceux vus parfois dans les vitrines des magasins à Nancy, n'était-il pas réservé aux enfants de familles riches ? Il allait sûrement repartir, il n'était qu'en visite chez nous.

— Il est pour toi, saint Nicolas l'a dit.

Encore des clochettes et des musiques dans la tête... Mon papa avait donc parlé avec saint Nicolas. Il ne fallait pas se réveiller trop vite, sinon l'ours allait disparaître. D'ailleurs, il devait être cinq heures du matin, les yeux me piquaient, j'avais encore sommeil. Je demandai à retourner au lit avec ce gros nounours pour rester dans ce rêve de saint Nicolas. Un rêve né de la tendresse dont est capable un papa pour une petite fille qui a le désir de le croire. Le même désir lorsqu'il venait s'asseoir sur le bord de notre lit pour conter, certains soirs, à sa façon, l'histoire d'un courageux et rusé petit tailleur qui avait besoin d'être connu au village assiégé par les géants et criait sur la place du village.

— *J'en tue sept d'un coup de poing !*

Tout le monde se demandait comment un si petit homme le pouvait ? Le petit tailleur parlait des mouches ou des guêpes qu'il appâtait avec de la confiture. Quand les bestioles étaient bien occupées sur la tartine, il pouvait les écraser. J'étais la seule à écouter, ma sœur Christiane, plus petite, s'était déjà endormie.

Nounours allait être mon bon géant, mon confident. A lui, je pourrais tout raconter, tout dire. Il saurait pendant de longues années, alors que je n'osais en parler à personne, qu'un jour, quand je serais grande, je ferais du théâtre. Mais surtout, j'écrirais des livres. Ils existaient déjà ces livres les soirs quand le sommeil me désertait. Ils s'écrivaient, s'effaçaient, peuplaient les pages blanches de mes insomnies.

Mercredi 4 octobre

Il est bien tard et, malgré l'épuisement, je poursuis la lecture du livre de Marie de Hennezel, voyageuse d'une âme à une autre et qui aborde le coma précisément à la page 218. *Nous savons peu de chose, mais les personnes qui sont sorties de cet état disent qu'on entend ce qui est dit* autour *de soi et que l'on sent la qualité affective des paroles et des gestes. Il semble aussi qu'un travail intérieur se poursuive dans les souterrains de l'être. C'est un état mystérieux que l'on a envie de respecter car il s'y passe peut-être des choses importantes...* Je ne doute pas un instant que ce qui est dit près d'un patient dans le coma soit entendu. Mais le plus difficile est de ne pas percevoir le retour des messages envoyés. Ce travail intérieur, dont parle Marie de Hennezel, quel est-il ? Elle évoque aussi le coma comme étant *une sorte de refuge quand les choses deviennent trop lourdes à porter, parce qu'il est encore trop tôt pour mourir, parce que tout n'est pas réglé.* Qu'est-ce qui n'est pas réglé dans le cas de papa ? Qui n'est pas prêt ? Je songe à Marie-Lise qui n'est pas venue, pas encore, peut-être parce qu'elle ne peut pas imaginer une échéance qui se précise. Peut-être parce qu'elle a peur. L'approche de la mort la terrifie sans doute. Tant qu'elle n'a pas vu son père allongé dans un lit, branché à des quantités de machines, elle peut continuer à le croire dans la vie. Est-ce elle que papa attend ? Et je songe à nous tous qui voulons garder cet homme. Combien de fois lui avons-nous dit : « Reste avec nous, nous avons besoin de toi. »

Combien de fois tentons-nous de le retenir, de le ramener à nous avec un lieu à visiter : un musée, les plages du débarquement ? Et s'il voulait tout simplement entrer dans ce merveilleux jardin que lui seul peut voir ? Je suis persuadée, moi, la mécréante, qu'avant d'emprunter le long tunnel, il nous est donné de vivre des instants éblouissants. Pour nous apprivoiser, pour nous aider à nous détacher de ce que nous avons tant aimé ici-bas, nous sommes probablement attendus, escortés de ceux qui nous ont précédés pour traverser des paysages fabuleux avant le tumulte précédant une lumière d'éternité. Ainsi, un musicien doit-il entendre la plus belle des partitions, un jardinier traverse-t-il un espace de roses et de jasmin, que sais-je encore ? Papa est peut-être à la porte d'un tel jardin où volent et chantent des oiseaux, des milliers d'oiseaux que les plus félins des chats n'attrapent jamais. Une sorte de félicité éclôt en toute chose, vibre en chaque personnage et nimbe ces lieux. Dans son coma, j'ai le sentiment que papa a la vision de cet éden, mais n'est pas autorisé à y entrer, parce que nous l'en empêchons. Pourquoi estimons-nous les uns et les autres que soixante-treize ans c'est trop tôt ? Et si lui en avait décidé autrement ? De quel droit le retenons-nous ? Par amour ? Par crainte ? Quelles vaines raisons donnons-nous à l'amour ? Sommes-nous tellement couards devant cet horizon qui s'offre à celle ou à celui qui nous quitte ? Leurs yeux s'ouvrent tandis que les nôtres restent clos. Leur cœur est déjà dans l'amour autour duquel nous tournons depuis notre naissance. Ce soir, alors que mon petit monde est couché, dort et erre en des pays aussi mystérieux, je perçois cette montée vers la lumière pour mon père à mesure que je lis Marie de Hennezel. Est-ce cela qu'il faudra que je lui dise vendredi quand nous le rejoindrons dans sa petite chambre à Pompey, au bout du couloir, après la chapelle et la morgue ? Et comment le pourrai-je ? Les mots viendront-ils aisément sur mes lèvres ?

Vendredi, vendredi, nous serons le 6 octobre. Ce sera la date anniversaire des épousailles de Roger avec Jeanne. Un jour plongé dans la grisaille d'une petite pluie qui avait fait dire à papa : « Il broussine », et qui soudain, comme par magie, fut ensoleillé en fin d'après-midi alors que les cloches se mettaient à sonner pour eux. Ils s'étaient rendus à la mairie et à l'église de Champigneulles en cortège, depuis la route de Bouxières. Trois bons kilomètres. Tout le monde les regardait. Albert ouvrait le cortège avec sa fille à son bras et les copains du Chemin de Fer, massés près de la barrière de la gare de triage de Champigneulles, le félicitaient. Mais lui ne voyait personne, il marchait la tête haute et disait, les dents serrées :

— Aujourd'hui, connais pas, connais personne.

Roger, très fier, fermait le cortège au bras de Mélie. Le roi n'était pas son cousin, ce jour-là. Elle était belle Jeanne, sa petite brunette. Elle se mariait vêtue d'un joli tailleur blanc. La veste était brodée sur le col et elle portait un bouquet de fleurs de marguerites piqué de quelques glaïeuls. Elle avait dit que ça n'était pas la peine. Une mariée sans bouquet ! Sûrement pas ! Il y tenait lui, Roger, au bouquet de fleurs, comme au petit sac de perles blanches qu'il avait glissé à son bras. Jeanne ne sut jamais qui avait guidé le choix de Roger. Il prenait un air grave et touchait son nez de l'index avant de le poser sur ses lèvres à elle.

— Chut, secret.

6 octobre. En Alsace on s'apprêtait à vendanger en chantant. Les premières vendanges libres. Le soleil riait en caressant les vallons déjà sucrés. Jeanne fermait les yeux sur ces paysages qui se dérobaient à son regard. En Alsace, on allait vendanger... Les moissons étaient faites, les bottes étaient liées, et elle, en Lorraine, se mariait dans la petite église de Champigneulles, celle où Roger avait été baptisé. Celle où leurs enfants le seraient sans doute. Roger avait promis qu'il ne s'opposerait pas aux tralalas du curé puisqu'elle y tenait tant. Il était heureux, Roger. Oui, heureux, autant qu'on peut l'être. Jeanne était à son bras pour le meilleur et pour le pire. Non non, ils ne connaîtraient pas le pire. Personne ne veut le pire. Ils auraient le meilleur. Elle lui avait dit ses craintes. Il n'était pas inquiet. Elle finirait par l'aimer aussi fort que lui. Il ferait tout pour cela. Chaque jour qui se lèverait serait pour Jeanne. Il l'aiderait. Il

serait celui qui ferait le feu chaque matin. Il préparerait le café. Le premier café serait pour elle. Il le lui porterait au lit. Elle ouvrirait les yeux sur la tasse fumante. Elle verrait les tartines à côté toutes prêtes à être croquées... Elle sourirait. Oh oui, elle sourirait, forcément. Et lui, Roger, aurait déjà cueilli son rayon de soleil, il pourrait aborder sa journée de labeur en pensant à elle qui l'attendrait, rangerait la maison, coifferait leurs enfants. À plusieurs reprises, elle lui avait rappelé sa promesse. Ils auraient des enfants, n'est-ce pas ? Il avait dit oui. Cela allait de soi. C'était la vie.

— Oui, mais pas tout de suite. Si on pouvait attendre un peu, être tous les deux, un peu heureux, rien que nous deux.

Vendredi 6 octobre

Ce voyage que nous effectuons aujourd'hui précisément de Paris à Frouard en voiture, nous devions le faire de toute façon. J'y songe sans cesse. Nous roulons pour visiter mon père allongé sur un lit d'hôpital alors que nous devrions rouler pour aller célébrer ses noces d'or avec maman. Il fait beau aujourd'hui, un temps idéal pour une telle fête qui n'aura pas lieu, jamais. Pauvre maman qui se cogne à l'interminable attente, qui voit leur vie partir en lambeaux. Le pire fut longtemps leur horizon, elle l'a souvent répété. Le meilleur avait consenti à venir parce que de toutes ses forces elle avait obligé le pire à reculer. L'ombre tutélaire de Mélie s'était peu à peu effacée quand les bouteilles de vin restèrent enfin dans les caves des marchands, après la longue maladie de mon père. Maladie mise à profit par Jeanne pour lui arracher un serment. Pendant combien d'années l'avait-il trompée avec le mauvais fruit de la vigne ? Elle n'avait pas compté. Elle ne lisait que le résultat. D'autres femmes seraient parties. Jeanne avait choisi de rester. Elle aussi se souvenait du serment du 6 octobre.

— J'ai juré au pied de l'autel, pour le meilleur et pour le pire.

Si elle avait d'abord eu le pire, le meilleur viendrait, il ne pouvait en être autrement. Et si le meilleur ne venait pas, tant pis. C'est qu'elle payait sans doute la faute d'autres, disait-elle dans un soupir. Ce qui ne l'empêchait pas, quand le fardeau était trop lourd, d'interroger le ciel.

— Mais qu'est-ce que j'ai bien pu faire à Dieu ?

Aujourd'hui, elle regarde son mari dans la petite chambre plongée dans la pénombre à cause du soleil. Mais aucune parole ne sort de sa gorge. Elle, la bavarde, ne peut pas dire un seul mot à son mari. Et si c'était ses paroles, celles de sa brunette, que Roger attendait pour partir ? Il a toujours tellement eu peur de la laisser. Il a toujours su ce qu'il lui devait. Grâce à elle, le manant était devenu quelqu'un de respecté et de respectable. Il lui avait dit qu'il l'aimait. Il voulait souvent la câliner, et elle, elle se dérobait, se drapait dans une sorte de pudeur. Il y avait les enfants... Ça ne faisait rien, il lui montrait autrement qu'il l'aimait, comme avant et plus qu'avant. Toujours.

Me voici dans la chambre où chacun retient sa respiration pour entendre celle déchirée de papa à cause des sifflements de la trachéotomie. Parfois, la poitrine de papa se soulève, son visage se crispe. Il tousse. Quel combat livre-t-il ? Quel monstre ravage ses bronches ? Il faut appeler l'infirmière pour qu'elle puisse le soulager des sécrétions qui l'encombrent au niveau du larynx. Elle nous fait sortir dans le couloir.

— Ce sont des soins trop impressionnants, dit-elle pour s'excuser. Il faut aspirer les sécrétions qui le gênent. La bronchite résiste aux antibiotiques.

Dans le couloir, Michel me dit qu'il préfère attendre dehors. C'est difficile pour lui de côtoyer la mort. Sans doute revoit-il sa maman prisonnière d'une longue agonie quand il n'avait que seize ans ?

Nous voici à nouveau dans cette chambre. Papa est calme. Son visage en cet instant est apaisé. Après une profonde inspiration, la main gauche posée sur son épaule droite, sans qu'il tressaille, je lui parle.

— Bonjour papa, c'est moi, la grande. Maman est là, comme chaque jour. Tu sais quel jour nous sommes ? Le 6 octobre. Il y a cinquante ans, c'était ton mariage, votre mariage. Tu as toujours dit qu'il y avait eu du soleil ce jour-là, juste en fin d'après-midi, rien que pour vous deux. Eh bien, aujourd'hui aussi, il fait soleil... Je... Je voudrais te dire de ne pas t'inquiéter, ni pour ton jardin, ni pour maman. Nous ne la laisserons pas. Sois tranquille. J'espère que tu es bien, là où tu es. Pense à nous, nous pensons à toi.

Impossible d'en dire plus, de faire mieux. Les mots bloquent au fond de la gorge. J'ai parlé sans regarder maman restée silencieuse, calme, sereine.

*

Nous repartons alors que le soleil décline derrière la forêt de Haye. Michel traverse Pompey, cité aujourd'hui orpheline de ses aciéries. Il n'y a plus un seul bâtiment, plus un seul haut fourneau. Les cheminées ont été dynamitées et se sont effondrées sur elles-mêmes dans un nuage de fumée. Le terrain a été nettoyé. Des camions de terre ont été déversés. On a semé et planté. Des arbres dressent aujourd'hui leur feuillage vers un ciel qui s'était habitué au rougeoiement des coulées. Le vent qui souffle cherche désespérément le bruit de l'acier martelé. Il ne rencontre qu'un étrange silence semblable à celui des cimetières. Sauf qu'ici, les tombes sont absentes. Le feu fut-il trop puissant qu'il ait tout emporté ? Il ne reste rien qu'une immense prairie plantée d'arbres. Un cimetière sans tombe sous un ciel résigné jusqu'au désespoir. On aurait peut-être pu conserver un haut fourneau, garder un bâtiment musée pour expliquer aux enfants et petits-enfants des métallurgistes ce que furent ces aciéries où les anciens fabriquèrent avec fierté la tour Eiffel. Seules les cités sont restées, tristement rangées les unes à côté des autres, moins grises, plus fleuries, peut-être. Parfois les volets ont été changés ou repeints. Le désir de vivre revient doucement. Reste l'amertume avant de tourner la page d'une époque révolue et qu'on ne devrait pas oublier. Qu'on le veuille ou non, nous sommes les enfants de l'acier. Nous avons grandi grâce à l'argent de l'acier, bercés au creux des jours, au long des nuits par les coulées qui enflammaient le ciel de lueurs rouges qu'on voyait jusqu'à Marbache et Bouxières-aux-Dames.

Maman ne fait aucun commentaire sur ce que j'ai dit à papa. Elle murmure seulement :

— J'ai si peur quand cela arrivera, comment ferai-je ?

— Nous serons là, je serai là. Ne t'inquiète pas.

C'est bien cela, c'est elle qui n'est pas prête. C'est pour elle que papa lutte. Si elle pouvait lui dire quelques mots, lui parler avant qu'il ne s'en aille. Peut-être l'entend-il au-delà du silence qu'elle ne parvient pas à rompre ?

*

Au retour de l'hôpital, je me lance dans un grand nettoyage de jardin. Occuper le corps, le faire bouger, être en communion avec la nature, respirer la terre et scruter le ciel. Les feuilles commencent à tomber. Quelques coups de râteau par-ci, d'autres par-là sous le magnolia et le prunus. Les vieux rosiers ont également besoin de soins, la rouille persiste sur le feuillage ; les fraisiers prennent volontiers la poudre d'escampette et débordent jusque dans la pelouse d'un côté et l'allée centrale de l'autre ; les derniers haricots verts se balancent au bout des feuilles jaunissantes ; les tomates ne mûrissent plus sur les pieds déjà marqués par le passage des fraîcheurs matinales de l'automne. Il faut les cueillir, les mettre au chaud sur le haut du buffet de cuisine, sagement alignées sur quelques feuilles de Sopalin en évitant de les faire se toucher. Comment ne pas voir papa dans son jardin ? Comment ne pas imaginer sa mine réjouie en constatant que le vert des pommes est moins cru. Une onde de contentement passerait sur son visage.

— Je crois qu'elles seront fameuses, cette année.

*

Le lendemain, nous poussons à nouveau la porte de la petite chambre à l'hôpital. Le volet roulant de la fenêtre est resté à demi abaissé alors que le soleil est quasiment absent. Je le remonte un peu pour mieux voir le visage de mon père. J'ai l'impression que ses joues se sont affaissées, marquent un creux, et que la peau est plus grise. Je n'aime pas le sentiment qui m'étreint et m'oppresse. J'aimerais bien rencontrer quelqu'un du service. Dans le couloir où je suis sortie faire quelques pas avec le prétexte d'aller parler à Michel, je hèle une infirmière et lui fais part de ma demande.

— J'aimerais être prévenue quand ce sera la fin. J'ai déjà donné tous mes numéros de téléphone à l'administration.

Elle me rassure, un peu trop vite, parce qu'elle a à faire.

— Oui, vous serez avertie.

J'insiste, je l'ennuie.

— Prévenue, je voudrais être prévenue avant l'issue, vous comprenez, je voudrais être là.

Elle lève les yeux en signe d'impuissance. Comme si cela changeait quelque chose. C'est ainsi que j'interprète, sans doute à tort, sa réaction.

*

Nous sommes allés embrasser le père de Michel, soucieux de l'état de papa. Malgré son grand âge, il va le visiter assez souvent depuis la maison de retraite. Parfois, il rencontre la religieuse de l'aumônerie. Ils joignent ainsi leurs prières.

— C’est bien, c’est gentil, approuve maman d’un ton las.

*

Le retour vers Ecquevilly s’effectue dans un silence qu’aucune parole ne trouble. L’Opel Vectra avale d’une traite les 400 kilomètres. Quelques bans de brouillard un peu avant et après Ligny-en-Barrois donnent quelques soucis à Michel qui doit redoubler de prudence, mais nous ne nous disons rien. J’ai seulement le pressentiment que j’aurais dû rester près de papa. Une impression de « jamais plus » me serre le cœur.

— *Laisse les choses se faire.*

Tu voulais donc me prévenir papa ? Mais pourquoi songer à tout cela maintenant ? Et si tu étais en train de couper le fil ? Oh dis-moi, fais-moi savoir comment cela se passe. Si j’osais, je dirais à Michel de faire demi-tour. Mais je crains de le fâcher.

— *Laisse les choses se faire.*

Lorsque nous retrouvons Guillaume à Ecquevilly, penché sur ses devoirs et demandant des nouvelles, j’ose pourtant dire mes craintes.

— Il me semble que papa arrive au bout du voyage. C’est sans doute mieux pour lui, comme pour tout le monde. C’est ce qu’on va appeler une délivrance. Mais délivré de quoi et pour qui, pour quoi ?

Lundi 9 octobre

Alors que le train m'emporte à Paris pour une journée de travail partagée entre la station de radio, pour une émission en direct suivie de deux enregistrements, et un passage au journal, j'ai la tête ailleurs bien évidemment. Je sais papa en souffrance, et maman plongée dans l'inquiétude, dans l'angoisse d'un avenir qu'elle n'ose pas imaginer.

La chaîne d'amitié qui s'est mise en place autour de maman ne faiblit pas. Mes cousines lui témoignent toujours beaucoup d'attention. Chaque jour, l'une ou l'autre vient la chercher pour la conduire à l'hôpital. Aussi loin que remontent mes souvenirs, elles sont là, elles ont toujours été là. Je songe plus particulièrement à Cricri, la sœur de Joselyne, Yolande, Annie, Patricia, les filles d'Yvonne, ma marraine, et de Gaston, le frère de papa, mort depuis quelques années. Mes cousines ont reporté sur papa l'affection qu'elles avaient pour leur père. Quand elles ont marié leurs enfants, elles ont toujours invité mes parents en les présentant avec tendresse.

— Notre père est mort, a dit Joselyne au mariage de Cathy, notre oncle Roger est le seul survivant des hommes de la famille et tante Jeannette a toujours été notre confidente.

Je songe à elles, à toutes les promenades à travers champs, dans les prés s'étendant entre la digue, et le chemin de l'ancienne Corroierie menant au pont de Lay-Saint-Christophe. Combien d'immenses bouquets de marguerites des prés, avons-nous cueillis pour les déposer dans des vases en hommage à la Vierge ? Combien de bouquets de lilas coupés pour le mois de Marie ? Les familles ne fréquentaient pas régulièrement l'église, mais honoraient la Vierge. Pendant le mois de mai, elles concouraient en toute amitié. C'était à celle qui aurait le plus bel autel. Chaque soir, vers 19 heures, à l'heure de l'angélus, dans les familles accueillant respectueusement l'immense statue prêtée par la paroisse, avait lieu la récitation du chapelet qui s'achevait par un souverain *Chez nous soyez reine,* et un *Ave* à vous arracher le cœur, disait Mélie. On se pressait autour de l'autel. On laissait ouverte la porte de la cuisine-salle à manger pour que toute la rue soit sanctifiée. Il me semble encore, rien qu'en fermant les yeux, entendre les prières et les chants flotter dans l'air embaumé des bouquets de lilas blanc et mauve. Les hommes qui rentraient des champs ou du travail franchissaient rarement le seuil de la maison, mais se découvraient respectueusement en passant devant le lieu de prière.

J'aurais dû, papa, oui j'aurais dû acheter une petite plante pour la déposer près de ton lit. Une voisine l'avait suggéré. Débordée par l'immensité des tâches à accomplir pour seconder maman, résignée parce que je te voyais les yeux clos, je ne l'ai pas fait et je le regrette amèrement. Qu'as-tu pensé, si tu voyais au-delà du visible ? Qu'as-tu pensé, toi qui fleurissais maman au retour de chaque promenade ? Toi qui n'aurais pas cultivé la moindre parcelle de terre à potager sans la border de quelques fleurs, roses, dahlias, myosotis, iris, lis, pensées, reines-marguerites, œillets de poètes ? Il y avait de tout dans ton jardin.

Mardi 10 octobre

Il est treize heures et comme chaque jour, j'essaie de joindre l'hôpital de Pompey pour avoir des nouvelles de papa. Je dois les agacer.

— Rien de nouveau. État stationnaire. Toujours la bronchite, on continue le traitement.

En reposant le combiné sur son socle avant de me rendre au journal, je reste perplexe, hésitante. Le moment n'est-il pas venu de partir, d'être près de lui ? Je vérifie dans mes dossiers et plannings de radio qu'un nombre suffisant d'émissions est enregistré. Ensuite, comme chaque jour, en moins de vingt minutes, j'avale le chemin à faire pour rejoindre la rue Bayard. Nous avons une réunion de rédaction à 14h30. Inquiète, je me promets d'appeler maman dès que j'aurai regagné mon bureau, pour savoir comment elle a trouvé papa.

*

Mes craintes étaient fondées.

— Ton père n'est pas bien, confie maman. Quand je suis entrée dans la chambre, j'ai vu du sang sur sa chemise. Il avait rejeté les sécrétions qui le gênent. J'ai appelé l'infirmière. Fort gentiment, elle m'a expliqué que c'était normal dans son état. Comme il est en position allongée, il ne peut pas se libérer des sécrétions, c'est pour cela qu'elle est régulièrement obligée de le désencombrer par aspiration. Quand je suis partie, la sœur de l'aumônerie arrivait, et à la sortie, j'ai croisé ton beau-père. Ça me fait du bien de savoir que ton père a de la visite quand je ne suis pas là.

J'essaie de consoler maman. Ma décision est prise. Je vais essayer de partir avant vendredi. Demain, non, ce n'est pas possible. Il faut diffuser l'émission de Nana Mouskouri. Personne ne peut me reprendre puisqu'il faut faire les liaisons avant la diffusion de chaque pause musicale. J'enregistrerai aussi la rencontre que je désire faire avec Marie de Hennezel à partir de *La Mort intime* qui pourrait être diffusée pour la fête de Toussaint. Un authentique partage. J'en aime la fin, oui vraiment. C'est un livre qui dessille le regard et les cœurs. Après oui, après, je m'en irai vers mon père. J'explique cela à maman. Elle respire profondément. Je la sens apaisée, mais moi, j'ai le cœur serré.

Matthieu a téléphoné, heureux d'annoncer ses résultats : mention bien à son DEA pour l'ensemble du travail effectué. D'excellents mémoires que la bibliothèque de son université va conserver. Le bonheur de Matthieu fait plaisir à entendre. Je me promets d'en faire part à son grand-père. Mais que percevra-t-il ? N'est-il pas déjà bien loin de nous ?

Mercredi 11 octobre

Madame le député du Parlement européen et chanteuse populaire est à l'antenne. Comme prévu, j'assure les liaisons entre la parole et les musiques. Nous sommes à la moitié de l'émission et les auditeurs ont déjà pu entendre les grands succès de Nana Mouskouri. C'est le moment où elle évoque la responsabilité des adultes à propos du bonheur des enfants. La prochaine pause sera *L'Enfant au tambour*. J'en profiterai pour sortir du studio. La standardiste me fait signe à travers la vitre ; un message est arrivé pour moi. Elle insiste, c'est urgent. Dans le casque, le technicien qui a suivi notre conversation mimée m'indique qu'il reste quatre minutes avant la pause. J'ai le temps de prendre l'appel, il peut même envoyer la chanson, je désannoncerai ensuite.

— Bonjour, je suis Véronique, la voisine de votre maman, c'est pour votre papa...

Je comprends. Trop bien, trop vite, hélas !

— Voilà, c'est arrivé ce matin, vers 8h30, pendant la toilette.

On a beau s'attendre à l'issue, à cet instant ultime, on se heurte à un puissant non, comme pour repousser la cruelle réalité. Non, pas aujourd'hui. Pourquoi aujourd'hui et pas demain, où j'aurais été là ?

— Maman ?

Impossible d'en dire plus, mais Véronique perçoit la demande au-delà des mots et du silence.

— Je peux rester près d'elle, mais pas toute la journée.

— Je vais appeler ma cousine, nous étions d'accord, et puis je viens aussitôt... Mais je vous rappelle auparavant. Laissez-moi finir l'émission. C'est l'affaire de vingt-cinq minutes.

J'abandonne Véronique, fonce dans le studio et reprends le micro, alors que les dernières notes de musique de *L'Enfant au tambour* s'envolent.

La grâce existe-t-elle ? Je suis bien forcée d'y croire. Elle m'est généreusement donnée en ces instants. Sinon, où aurais-je trouvé la force de rester debout, de poursuivre la parade des jours alors que de l'intérieur des flots tumultueux s'agitent ? Garder le sourire à l'antenne, garder le souffle qui commence à me manquer alors que mon père vient de rendre le sien. Ne pas pleurer, surtout pas ! Ne pas flancher, rester dans l'interview, tenir le cap et le sujet. C'est à la fin de l'émission que je peux dire autour de moi que papa est mort. J'articule lentement pour entendre les mots qui font mal, pour comprendre, pour saisir les termes, les recevoir de face, les avaler.

— Mort, mort. C'est fini, il est mort.

Les petits miracles du quotidien ont lieu. Ce temps redouté par maman suscite compassion et toujours plus d'amitié autour d'elle. Joselyne, une fois de plus, quitte Épinal pour accourir près d'elle et attendre mon arrivée en fin d'après-midi. À Mirecourt, Claude abandonne sa famille nombreuse aux aînés pour témoigner un peu de tendresse à maman. À Metz, Janine fait de même. À la radio, Noëlla et Sophie préviennent mes futurs invités, reportent les rendez-vous. Depuis mon bureau, je peux entreprendre les premières démarches, contacter la mairie et le prêtre pour les funérailles. Mais le souffle reste court. J'ai l'impression que s'il était plus long, plus ample, les larmes, les sanglots se glisseraient et je ne pourrais plus être efficace.

Où es-tu papa en ces instants, réalises-tu ce qui t'arrive ? Es-tu entré dans ce merveilleux jardin que tu désirais sur terre tout au long de tes jours ? As-tu déjà rencontré Dieu ? C'est comment Dieu ? Maintenant que tu es de son côté, l'as-tu rejoint jusqu'à faire partie de lui ? Et ceux que tu as aimés, tes parents, tes frères, Gaston, le beau Charles mort des suites de la guerre 39/45 à la fleur de l'âge alors qu'une si gentille fiancée l'attendait ? Une pneumonie mal soignée dans le camp de prisonniers en Allemagne. La tuberculose. La fin de la guerre n'avait pas apporté la guérison. Le souffle s'était dérobé, comme il l'avait fait ensuite pour Lise, ta belle-mère. Et tes enfants, la si jolie Marie-Thérèse, le petit Jean-Luc ? Es-tu avec eux comme avec Dédé tombé à la Malpierre ?

*

Dans le train qui me ramène à Ecquevilly d'où nous allons partir avec Guillaume, je suis seule. Je ne pleure pas. Pas encore. Je n'y arrive pas. La nature se pare des couleurs de l'automne. Comme mon père les aimait ces couleurs, comme il avait su m'en faire apprécier les beautés. Quel âge avais-je cette année où cette vilaine maladie qui avait déjà marqué la famille tenta de s'emparer de moi ? Sept ans peut-être ? Maman pleurait lorsque le médecin lui montra les radios de mes poumons tandis qu'elle vérifiait que j'étais correctement rhabillée.

— Il faudrait que la petite puisse partir en sanatorium pendant quelques semaines.

À cette époque, l'argent faisait cruellement défaut et la Sécurité sociale n'aurait pas pris en charge l'intégralité de la facture. Mes parents n'avaient pas de mutuelle. Maman soupirait : la vie était injuste. Elle murmura des mots terribles qui me laissèrent interdite.

—Maudite, je suis maudite par le Ciel. Pourquoi ? Quel mal ai-je fait ? Quelle faute ai-je commise ? Pour qui dois-je payer ? Quand je serai là-haut, Toi et moi, Dieu, il faudra qu'on s'explique.

Lorsqu'elle raconta notre visite à l'hôpital à mon père, il frappa un grand coup sur la table et se leva.

— Eh bien, je la sauverai moi. Je l'emmènerai au-dessus du château de Claire-Joie, je lui ferai respirer l'air pur des sapins de là-haut. J'irai à vélo avec la petite charrette à herbe, je la mettrai dedans. Et si le vélo veut pas monter les côtes, je tirerai avec mes deux bras. Et elle ira respirer l'air pur. Oui, tu verras, elle guérira, elle. Je le jure sur la tombe de mon père et la tête de ma mère.

Il songeait à Marie-Thérèse au début du printemps 1947. Un si beau bébé aux cheveux bouclés, aux immenses yeux bleus, qui babillait déjà. Elle essayait même de se dresser sur ses petites jambes. Un bébé précoce, promis à un bel avenir. Mais la maladie avait frappé. Le médecin avait diagnostiqué une broncho-pneumonie comme chez d'autres enfants à l'autre bout de Champigneulles. Une bactérie très virulente qui faisait mourir. Les antibiotiques n'étaient pas encore arrivés jusqu'à Champigneulles. La petite fille manquait d'air.

— Allez à la pharmacie à la sortie de Maxéville. Vous y trouverez des bouteilles d'oxygène. Je fais quelques visites urgentes pour d'autres bébés et je repasse, avait dit le médecin.

Pourquoi n'avait-il pas envoyé ce bébé à l'hôpital ? Savait-il l'enfant perdue ?

Mon père parcourut la ville à pieds, il n'avait pas encore de vélo. Dans son entourage aucun n'était disponible. Les hommes étaient tous au travail. Pour sauver sa fille, il fit plus de huit kilomètres avec la bouteille d'oxygène sur l'épaule. Et quand il arriva, épuisé, en sueur, il comprit rien qu'en voyant le visage fermé de sa mère et d'Yvonne, sa belle-sœur. C'était trop tard. Jeanne pleurait au-dessus du berceau. La jolie petite Marie-Thérèse avait les yeux clos pour toujours.

— Ne t'inquiète pas, Jeanne, je te promets. Elle, je la sauverai notre grande. Tu verras.

Il tint parole. J'eus droit à un fabuleux printemps, puis à un été de lumière et à un automne tout aussi éclatant. Un tête-à-tête de tendresse chaque fois que cela était possible. Les samedis, dimanches et les après-midi où mon père travaillait de quatre heures du matin à midi. Il avalait rapidement son repas, préparait la charrette, les couvertures, les sacs pour rapporter de l'herbe pour les lapins. Souvent la chienne Mira nous accompagnait. Elle courait à côté de papa et quand elle montrait quelques signes de fatigue, elle me rejoignait dans la petite charrette. Je riais des pitreries de papa qui imitait l'âne, le bœuf, le mouton, le cheval, le coq et même le dindon. Quand nous arrivions à destination, il veillait sur moi avec la tendresse d'une mère.

— Ferme bien ton gilet, le vent souffle ici. Garde ton cache-nez sur ton cou.

Il choisissait l'endroit le plus ensoleillé pour mon corps. Il me protégeait la tête pour éviter l'insolation et m'installait sur une couverture. Il remplissait un sac d'herbe pour que je puisse m'y appuyer, mais avant que j'y pose ma tête, il dépliait un torchon propre pour que ce soit assez doux pour sa grande. Je me laissais faire. Je devinais qu'un jour, il avait tout tenté pour sauver une petite fille et que cela n'avait pas marché. Je me devais de l'aider. Je ne voulais pas le voir pleurer. Et puis, j'avais envie de guérir, de tuer ces bestioles qui mangeaient l'air que j'envoyais dans mes poumons.

— Si tu m'écoutes bien, tu guériras. L'air pur, ici, il y en a autant que dans les Vosges et les Alpes. Le soleil aussi, tu sens comme il est chaud sur tes jambes. Elles vont devenir aussi brunes que le meilleur des pains d'épice. Tes joues vont rosir. C'est bon pour toi tout cela. Mais surtout, tu devras manger tout ce qu'on te donne, même la viande. Tu promets, hein, tu feras l'effort pour moi, et pour ta mère ? Tu vois, si c'était trop long cette maladie, ta mère ne s'en remettrait pas. Alors, toi et moi, on décide de guérir. C'est d'accord ?

Je promettais de tout manger. Tout, tout, tout. Oui, oui, papa, je me forcerais. J'aurais toujours faim. Oui, même pour la viande du boucher qui me donnait envie de pleurer à cause du chagrin du petit cochon imprimé sur l'un des coins des feuilles d'emballage du saucisson que maman t'achetait pour les casse-croûte à l'usine. Une petite fille, aussi mignonne que Shirley Temple, consolait ce petit cochon en lui disant : *Ne pleure pas, grosse bête, puisque tu vas chez Monsieur Monet, le meilleur boucher-charcutier de Champigneulles.* Je savais bien le sort réservé à l'animal, le même sort que celui de Jambonnet, le cochon nourri par papa, l'oncle Gaston et toute la famille. Avant lui, il y avait eu Gus, et avant Gus, Loulou. Pauvre Jambonnet qui manifestait tant de joie quand on lui apportait sa pitance : épluchures de pommes de terre, restes de nouilles, restes de tout. Les cochons ont toujours faim. Jambonnet était très propre. Yvonne autant que maman s'en occupaient. Le grand jour de Jambonnet était arrivé. Et chacun évaluait déjà les côtelettes, la soupe au lard, le jambon, les saucisses et le boudin... Mélie préparait ses casseroles. Maman et moi, nous nous sommes sauvées à l'autre bout de la cité pour ne pas entendre la détresse de Jambonnet. Je n'aimais pas la viande du boucher à cause du chagrin petit cochon rose des papiers d'emballage, comme je n'aimais pas la viande de chez nous, de grand-mère Mélie, de marraine ou de tante Henriette, parce que les animaux qu'elles élevaient étaient mes amis.

— Mange, c'est de nos bêtes. Elles sont bien nourries.

Personne ne pouvait comprendre mon dégoût. Comment faire pour guérir sans manger de viande ? Je réfléchissais, élaborais des plans quand, épuisée d'avoir couru avec la chienne entre les sapins, je me laissais choir sur le sac d'herbe à lapin. Mira s'était prêtée à tous mes caprices et avait joué à cache-cache avec moi. Elle savait rester près de la charrette, coller sans tricher, sans regarder où j'allais me cacher. Ensuite, papa l'envoyait me chercher. Bien évidemment j'étais découverte tout aussitôt et dûment léchée de partout. Je riais de bonheur, Mira me poussait et je m'écroulais inévitablement sur mon lit champêtre. Le grand air ça fatigue et je rêvais à mille bouquets, aux plus beaux animaux du monde, mes amis jusqu'à la fin des temps. Avant de fermer les yeux, j'observais le ciel, les nuages qui passaient devant et derrière le soleil. Du moins je le croyais en voyant les rayons s'échapper des nuages. Je mettais mes mains sur mes yeux, écartais les doigts et voyais alors le ciel entre les doigts que j'ouvrais et refermais. Il était à moi, rien qu'à moi. Une onde de bonheur me saisissait et je m'endormais.

À mon réveil, papa exigeait qu'on prenne le goûter. Il disposait un autre torchon sur l'herbe, sortait le pain et la bouteille de limonade de sa musette. Jamais les tartines de *Vache qui rit,* ou les tranches de pain d'épice n'eurent autant de saveur qu'en ces après-midi passés au-dessus des bois de Claire-Joie. J'aimais entendre le pschitt de l'ouverture de la bouteille de limonade et guetter les bulles qui remontaient dans le goulot. Ça pétillait, c'était la joie partagée quand le liquide entrait dans ma bouche et coulait à l'intérieur de moi.

Papa connaissait les lieux. Rien ne lui échappait. Il savait qu'en remontant légèrement sur le vallon, les arbres avaient été coupés. On avait élargi un chemin forestier et, de ce fait, la vue était très dégagée sur la vallée de la Moselle à l'endroit où elle vient cueillir les eaux de la Meurthe à La Gueule d'Enfer. Il s'accroupissait près de moi, me prenait contre lui et son index droit pointait les lieux pour que je puisse les apercevoir en contrebas. Si le soleil me faisait face, il m'apprenait à mettre mes mains en visière au-dessus des sourcils et je découvrais alors Champigneulles et Frouard. Sur la droite, je voyais les cheminées des Brasseries, et, sur la gauche, celles des hauts fourneaux. Les cités apparaissaient toutes petites. C'était presque magique pour l'enfant que j'étais. D'où nous étions, je ressentais cette extraordinaire impression que le monde nous appartenait, était dans nos mains comme le ciel était auparavant entre mes doigts.

C'est sans doute à cette époque qu'est né mon goût pour la nature. C'est mon père qui a allumé mon désir pour les choses de la terre. Il m'a montré les beautés de la vie, m'a fait entendre le chant du vent dans les feuillages, humer l'odeur des sous-bois, et respecter toute vie animale et végétale. Il fallait seulement cueillir les fleurs, faire bien attention à ne jamais arracher leurs racines pour ne pas faire mourir la plante. C'était important, disait-il, de lui donner une nouvelle chance. Elle pourrait encore fleurir pour d'autres promeneurs.

— La nature n'appartient à personne, mais elle est pour tout le monde.

De mois en mois, mon état s'améliora et je fus déclarée guérie avant le début de l'hiver. Le médecin était content, et moi encore plus. Le plus heureux fut mon père. Cette fois, il avait sauvé sa fille.

— Juste un contrôle deux fois par an, pendant quelque temps. Un fortifiant avant et après l'hiver et la demoiselle ira bien, avait dit le médecin.

*

Comme je l'ai promis à papa et à maman, je m'occupe de tout. Maman n'est pas seule. Nous préparons ensemble la célébration des funérailles. Les chants, les lectures à faire. Maman choisit un texte de l'Ancien Testament avant l'Évangile. Le prêtre me demande si j'accepte de le lire pendant la messe. Par honnêteté je lui dis mon désir de croire, mais aussi le doute qui m'habite quant à la divinité du Christ et la Résurrection. Je songe à Michel del Castillo, à son récent livre, *Mon Frère l'idiot,* qui me hante et que je lis et relis parce qu'il rassemble toute son œuvre. C'est un cri lancé à Dostoïevski, son frère de souffrance, découvert au hasard de ses lectures quand il avait treize ou quatorze ans. Ai-je, moi, le droit de lire un texte saint le jour des funérailles de mon père ? Je ne voudrais pas me poser en donneuse de leçons quand ma maison est construite sur du sable. J'en parle avec le prêtre et me reviennent les paroles de Michel del Castillo : *Croire c'est demeurer dans le doute, c'est entretenir l'inquiétude, c'est à chaque instant nier ce qu'on vient d'avancer [...]. On ne possède pas la foi : c'est elle qui nous possède.*

Ce sont peut-être ces mots qui me font oser me présenter devant le micro. Je ne possède rien, mais ne voudrais pas me donner en spectacle. Encouragée par le prêtre, je perçois dans cet extrait de l'Ancien Testament la quête d'un peuple à la sortie du Sinaï. Je la fais mienne. Si Dieu est, il ne peut m'en vouloir. Ma gorge est nouée, je cherche ce souffle réinventé par l'amour de mon père et qu'il a emporté sans attendre mon retour à ses côtés. J'aurais tellement voulu être près de lui. Vivre près de lui ce temps du passage. A-t-il estimé que nous étions prêts et qu'il ne pouvait pas attendre davantage pour rejoindre l'autre rive ?

Voilà, c'est fait, me voici pour lui face au micro, devant une assemblée nombreuse et compacte, dans cette même chapelle où il m'a conduite à l'autel le jour de mon mariage.

Il mariait sa fille avec un type qui avait plein de choses dans la tête puisque Michel avait fait des études. Mon père admirait celles et ceux qui étaient allés aux écoles, comme il disait. Derrière moi, alors que mes yeux parcourent le texte à lire sur le pupitre, je sais qu'au-dessus de l'autel est suspendu le Christ de la petite chapelle des cités Montataire dont il ne subsiste rien aujourd'hui. Pour l'agrandissement du port, le vieux quartier a été rasé. Le tabernacle de cette chapelle et quelques tableaux ont été sauvés et rapportés ici, faisant un trait d'union entre le vieux Frouard des usines et celui des HLM qui ont poussé plus vite que les arbres autour de la chapelle Notre-Dame-de-la-Paix. Combien de fois, ému et respectueux, mon père a-t-il ouvert et fermé ce tabernacle quand il aidait le prêtre à distribuer la communion ? La première fois qu'il fut sollicité, il crut que le ciel lui tombait sur la tête. Est-ce à lui qu'un tel honneur revenait, à lui, un manant ?

— Non, monsieur le curé, vous vous trompez, je ne pourrai jamais.

— Mais si, Roger, on a besoin de vous.

*

Après avoir inspiré profondément pour chasser l'émotion, la forcer à reculer, me voici prête à lire, à servir tout simplement. J'y retournerai tout à l'heure, après la communion, pour un texte auquel tient maman, *Je sais qu'un amour m'attend.*

C'est le texte le plus difficile à lire, l'émotion s'en mêle. Le prêtre s'est approché, prêt à reprendre au cas où. Il pose sa main sur mon avant-bras gauche. Mais je peux poursuivre.

En regagnant ma place, mes yeux se posent sur le cercueil. Ce qui reste de mon père est là. Mais lui — son cœur, son âme —, où est-il ? Que dit-il, que voit-il ? Comme il serait bon d'oser croire sans douter ! Comme je voudrais être effleurée de cette certitude que papa s'est seulement rendu invisible à nos yeux, et qu'il va pouvoir continuer à nous protéger ! Le souffle s'est dérobé, mais le chant de la vie est encore là. Il est comme un jardin endormi avant l'hiver. Un long sommeil pour préparer le nôtre avant une éternité lumineuse. C'est cela ? Je voudrais tellement, une fois encore, à ses côtés, voir la vallée de la Moselle épousant la Meurthe et cueillir un peu du ciel aperçu entre nos doigts.

Où me suis-je perdue ? C'est déjà la fin de la cérémonie. Un cousin s'est approché, me fait face, le sourire aux lèvres et les yeux immensément bleus, comme ceux de papa.

— Tu ne me reconnais pas ?

Le visage non. La voix ? Un peu... Le regard, ce regard, c'est René, l'un des fils d'Henriette. Le frère de Titi-Michel. Mon Dieu ! Je l'avais photographié sur sa superbe moto au cours d'une permission pendant son service militaire qu'il effectuait en Allemagne. Avant de repartir, il voulait des photos pour sa petite amie allemande. Il l'aimait tant, disait-il. Nous n'avions jamais réussi à nous revoir.

D'autres cousines, d'autres cousins sont là, Bernard, Pierrot, les fils d'Adèle, qui se sont chargés des couronnes de fleurs posées sur le cercueil. Adèle, la toute belle de papa, venue à la cérémonie, s'est installée au premier rang, toute seule pour être proche de son frère. Droite, digne, élégante, elle a suivi l'office en secouant la tête par instant.

— Pas juste, pas normal, soupire-t-elle.

Elle a vingt ans de plus que son frère et c'est lui qui la précède dans la mort. Elle a le visage ravagé d'une mère qui enterre son enfant. Un instant, le prêtre a cru qu'elle l'était. À quatre-vingt-quatorze ans, sans faiblir, elle voit défiler famille et amis venus rendre un dernier hommage à son frère. La chapelle est pleine de monde comme un jour de Noël, de Toussaint ou de Pâques. Les petites gens qu'il a aidées quand il s'occupait du Secours catholique comme les notables de la ville.

— Un enterrement de riches, aurait dit papa, pour un manant comme moi.

*

On l'a mis en terre au cimetière de Frouard où il avait fait préparer un caveau pour lui et maman. Leur dernière demeure, son palais, disait-il en plaisantant d'où l'énervement de maman qui n'aimait pas qu'on plaisantât sur la mort. Et lui de répondre :

— On ne la fait pas venir plus vite parce qu'on en parle. Ça permet seulement de l'apprivoiser.

On l'a mis en terre avant de se retrouver en famille et entre amis autour d'un verre de l'amitié, d'une tasse de café, de thé ou de chocolat. Nous avons préparé un goûter dans la cuisine d'été dans le jardin aimé de papa.

Nous en sommes à évoquer sa mémoire, ses rires comme ses fabuleuses colères les soirs d'élections si le parti qui n'était pas le sien était victorieux. Papa était de gauche, maman plutôt au centre. Ils se sont disputés pendant leurs 50 ans de vie commune. Sauf pendant les années qui virent de Gaulle au pouvoir de 1958 à 1968. Ces années-là, mes parents ne se disputèrent jamais sur des questions politiques. Tous deux vouaient la même admiration à l'homme du 18 juin 1940.

Nous sommes rassemblés pour papa, autour de lui en quelque sorte. Or, il est absent. Mais l'est-il réellement ? Ou s'est-il seulement rendu invisible à nos yeux ?

Pourtant, j'ai bien la sensation d'avoir perdu mon père. La mort a fait son œuvre. Le corps a été rendu à la terre. Son âme s'est éloignée de la mienne. Il m'a placée sur le devant de la scène. Je suis l'aînée. Il faut poursuivre.

Mon père n'est plus, mais grâce à lui les liens d'une famille se resserrent. Pas d'accroc dans le tissu familial, il sait que j'y veillerai.

*

Les jours suivant l'enterrement se passent à ranger, à trier les affaires de papa. Maman ne veut pas s'en occuper. Elle répète sans cesse :

— Je ne peux pas, ça me fait trop mal.

Elle cherche surtout à se protéger, mais de quoi ? Elle n'a pas voulu voir son époux dans la mort, n'a pas assisté à la mise en bière. Elle ne veut pas regarder la mort en face. Sans doute a-t-elle ainsi l'impression de le garder en vie. Elle a agi de la même façon avec Christiane, sa fille, restant dans le salon d'attente pendant qu'avaient lieu les derniers adieux. Pour elle, celles et ceux qui lui sont chers ne sont que momentanément partis. Elle voit leur mort comme une mise entre parenthèses. Le chagrin est alors moins vif. C'est ce qu'elle croit.

— Un corps sans vie n'est rien pour moi. Mes disparus restent vivants dans mon cœur.

Elle ne va cependant pas cesser de penser à mon père. Toujours elle va parler de lui, revenir sur les faits, sur son chagrin, sur la gentillesse de celles et ceux qui l'ont entourée, elle. Elle va évoquer l'instant de la déchirure, de la chute, les premiers soins. Mais elle ne demandera pas à aller au cimetière. Elle refusera de regarder les photos, sauf, il me semble, quand elle sera seule.

J'ouvre les classeurs, les papiers personnels de papa. Quel fouillis ! Étonnant, mon père ! Les babioles et les papiers s'entassent joyeusement alors qu'il avait le plus grand soin de son jardin et de ses outils. Pourtant, au milieu de cette sympathique pagaille, je fais des trouvailles. Car il n'a rien jeté, semble-t-il. Il a accumulé. Des montagnes de papiers, de factures, de remboursements de Sécurité sociale, d'analyses de sang, de listes de courses à faire, de relevés de banque, d'articles de journaux, d'avis de décès de copains, des articles sur la disparition des aciéries, d'autres me concernant. Je découvre ainsi qu'il s'est intéressé à ma venue à la bibliothèque de Frouard pour un livre sur les enfants (moi je n'ai rien conservé). Il a même fait faire des photocopies, des agrandissements. Je suis touchée, car nous n'en avons jamais parlé. J'ai toujours su qu'il disait que sa fille écrivait parfois des livres, mais je n'ai pas le souvenir que lui et moi ayons évoqué tout cela. Les articles me concernant sont d'ailleurs soigneusement glissés dans des pochettes plastiques avec un titre : « La fille » ou « La grande ».

Je tombe aussi sur le portefeuille qui ne quittait pas la poche arrière de son pantalon et que l'hôpital a rendu à maman avec les effets personnels de papa lorsqu'il est arrivé à Saint-Julien, le jour du 19 août. Un portefeuille ou ce qui en reste. Brun, décollé, décousu, recollé, recousu de partout, car mon père possédait sa collection personnelle de photos dont il ne se séparait à aucun prix. Parmi les photos de papa, on trouve maman à vingt-trois ans ; nous les enfants au hasard d'une sortie à Nancy, quand un photographe de rue nous avait surpris, ou encore à la fête foraine. J'y découvre aussi grand-mère Mélie à la fin de ses jours, photographiée avec mon premier appareil photo. J'allais avoir quinze ans.

L'acquisition de ce *Kodak-brownie-flash* fut une aventure. J'ai mis deux ans pour réunir la somme nécessaire à son achat : 59 francs. Cinquante centimes par cinquante centimes, la somme donnée par maman les jours où je quittais le lycée Frédéric-Chopin avant 17 heures et qu'il n'y avait pas de bus scolaire pour me permettre de revenir directement à la maison. Je devais alors attraper un bus de ville place Paul-Painlevé en bas de la rue du Sergent-Blandan jusqu'à la gare d'où je rejoignais la place Carnot pour sauter prestement dans le bus n° 10 qui me ramenait à Champigneulles. C'est le premier trajet que j'effectuais à pied. Je courais tout le long de la rue du Sergent-Blandan, puis de la rue de la Commanderie, je passais par-dessus le pont du Chemin de Fer, devant la gare, traversais la place, tournais devant l'Excelsior, puis longeais le lycée Poincaré avant d'atteindre la place Carnot, essoufflée, mais heureuse et très fière. Cinquante centimes de plus dans ma cagnotte. Ouf ! Au bout des deux ans, il manquait quatre francs. Car les prix avaient augmenté. J'ai expliqué au photographe que j'avais besoin de cet appareil photo pour le départ du tour de France qui, cette année-là, partait de Nancy, mais que d'ici quelques semaines je pourrais le rembourser. Devant mon air dépité et sans doute ému par tant d'obstination chez une gamine, il a pris son air mystérieux pour aller chercher l'appareil convoité dans la vitrine.

— C'est mon cadeau, a dit le photographe.

Et papa a ajouté le sien en payant sur sa tirelire ferraille (comme pour le moulin à café électrique d'autrefois) l'enveloppe de cuir pour que je puisse porter l'appareil autour de mon cou. Ce serait plus facile pour *notre* reportage sur Jacques Anquetil et Raymond Poulidor, les vedettes.

Les photos sont étalées sur la table et j'y retrouve effectivement celles du tour de France que je croyais à jamais perdues.

J'explore aussi le vieux porte-monnaie de papa qui conservait d'anciens billets, de vieilles pièces, rien que pour le souvenir. Des médailles achetées lors de pèlerinages, à Sion, à Lourdes... Je songe à cette pièce égyptienne. Maman ne sait pas ce que papa a pu en faire. Je cherche, je fouille, ne trouve rien, mais découvre un étui de cinq centimètres, un petit écrin brun comme un étui pour une miniature d'instrument de musique.

— Maman tu sais ce dont il s'agit, toi ?

— Ah oui, c'est la petite Vierge dont ton père ne se séparait pas. Elle lui venait de son père.

— Il ne m'en a jamais parlé.

— À moi non plus. Ton père avait ses secrets. J'ai été au courant de cette Vierge qui doit venir de Sion lorsqu'il a été très malade et qu'il a juré de ne plus boire s'il guérissait. Il m'a demandé de chercher dans son porte-monnaie la petite boîte de son père et de la lui glisser sous l'oreiller. Il disait que c'était elle qui l'avait protégé quand il était tombé du pont roulant. Elle avait toujours protégé son père. La seule fois où son père s'en sépara fut un jour où il travaillait chez un de ses neveux. Il avait changé de pantalon et oublié de reprendre l'étui. Un faux mouvement l'avait précipité dans l'escalier. La fièvre l'avait pris la nuit. Au petit matin, son père était mort.

— Tu l'as déjà vue, cette Vierge ?

— Non, une Vierge, c'est une Vierge.

— Comment non ?

— Je n'ai jamais fouillé dans les affaires de ton père, tu devrais le savoir. Je n'ai jamais ouvert son portefeuille, ni son porte-monnaie, ni son courrier.

J'ai ouvert l'écrin et j'ai vu cette Vierge couronnée portant un enfant dans les bras. Apparemment l'objet est en argent.

— Je peux la garder, y vois-tu un inconvénient ?

— Tu peux. Elle sera mieux chez toi que chez tes sœurs. Geneviève, Claude et Marie-Lise voudront peut-être des photos. Janine a demandé une seule chose de ton père.

— Je sais, maman, son couteau, son Opinel. Il a tellement énervé tout le monde avec son couteau. Il ne pouvait rien faire sans. Même invité, il le sortait pour manger.

*

Les rangements se poursuivent. J'ai tout exploré ou presque, classé les papiers avec l'aide de Michel, mais sans retrouver la fameuse pièce égyptienne, son trésor. Ça ne ressemble pas à mon père. Il ne l'a pas perdue. Elle représentait tellement de rêves pour lui. Mais qu'a-t-il pu en faire ?

— Il a peut-être réussi à la vendre, suggère maman, pour acheter le salon dont j'avais envie.

— Non, maman. Sa pièce ne valait rien. Pierre me l'a dit.

— Alors il l'a fichue en l'air, il n'aimait pas s'être trompé, reprend maman.

Peut-être. Moi, j'ai ma petite idée. Papa aimait que l'histoire se poursuive et recommence sans cesse. Je ne serais pas étonnée qu'il ait fait un trou dans le jardin et qu'il y ait mis sa pièce, avec l'espoir qu'un jour, peut-être, un de ses petits-fils la trouve, rêve comme il avait pu le faire. *Travaillez, prenez de la peine... Un riche laboureur...*

Il me semble entendre papa me répondre et rire, rire.

— *Ce n'est rien laisse les choses se faire.*

*

J'abandonne maman pour descendre seule au jardin. Les dernières roses s'offrent avant l'hiver. La touffe de chrysanthèmes est déjà en boutons. Je lève les yeux sur la colline de Bouxières. À droite j'aperçois le château de Claire-Joie.

— Papa, c'est par-là que tu me conduisais pour que je retrouve le souffle. Tu vois, tu n'as pas failli. Maintenant, c'est à mon tour de veiller sur ceux qui me sont chers. Merci pour toutes les leçons.

Le vent s'est levé et s'est engouffré dans mes cheveux avec une audace peu coutumière, et un rien de tendresse. J'aime croire que mon père y est pour quelque chose.

Ecquevilly, le 15 mai 1999

BIBLIOGRAPHIE

Champigneulles et le Val Saint-Barthélemy, Lucien Geindre, Imprimerie Hilt, Champigneulles.

Merci à la société Moulinex, pour leur accueil et leur gentillesse quand j'avais besoin de vérifier mes souvenirs : le prix d'un moulin à café électrique en 1956.

DANS LA MÊME COLLECTION

Adam Olivier, *Des vents contraires*
Adler Elizabeth, *Rendez-vous à Venise*
Amouroux Henri, *La vie des Français sous l'Occupation*
Aubrac Lucie, *Ils partiront dans l'ivresse*
Bellemare Pierre, *Les grands crimes de l'histoire*
Berry Steve, *La prophétie Charlemagne*
Boileau-Narcejac, *Celle qui n'était plus*
Boissard Janine, *Histoire d'amour*
Bordes Gilbert, *La couleur du bon pain*
Bordes Gilbert, *Le roi en son moulin*
Bourin Jeanne, *La chambre des dames*
Chapsal Madeleine, *Le foulard bleu*
Charrière Henri, *Papillon*
Clavel Bernard, *Meurtre sur le Grandvaux*
Clerc Christine, *Les de Gaulle, une famille française*
Connelly Michael, *À genoux*
Connelly Michael, *Le Poète*
Connelly Michael, *Echo Park*
Deforges Régine, *La bicyclette bleue*
Despaulis, Marchand, *Le dernier secret de Jacques Chirac*
Diwo Jean, *Le printemps des cathédrales*
Drucker Michel, *Mais qu'est-ce qu'on va faire de toi ?*
Dubos Alain, *La mémoire du vent*
Duperey Anny, *Allons voir plus loin, veux-tu ?*
Duperey Anny, *Les chats de hasard*
Duperey Anny, *Une soirée*
Duquesne Jacques, *Marie*
Fouchet Lorraine, *Le chant de la dune*
Frain Irène, *Secret de famille*
Gallo Max, *La baie des Anges*
de Grèce Michel, *La femme sacrée*

Hébrard Frédérique et Velle Louis, *Tant qu'il y aura des chats ... dans une famille*
Higgins Clark Mary, *Toi que j'aimais tant*
Higgins Clark Mary, *Une seconde chance*
Higgins Clark Carol, *Bien frappé*
Humbert Vincent, *Je vous demande le droit de mourir*
Indridason Arnaldur, *La cité des jarres*
Jacq Christian, *La franc-maçonnerie*
Japrisot Sébastien, *Un long dimanche de fiançailles*
Jeury Michel, *La petite école dans la montagne*
King Stephen, *La petite fille qui aimait Tom Gordon*
Lanoux Victor, *Laisser flotter les rubans*
Lenteric Bernard, *Les maîtres du pain*
Magnan Pierre, *La maison assassinée*
Mankell Henning, *Les chiens de Riga*
Mankell Henning, *L'homme qui souriait*
Michelet Claude, *Les défricheurs d'éternité*
Michelet Claude, *Rocheflame*
Mille Raoul, *La Belle Otero*
Montagné Gilbert, *J'ai toujours su que c'était toi*
Montupet Janine, *Quatre saisons parmi les fleurs*
Murakami Haruki, *La course au mouton sauvage*
d'Ormesson Jean, *Voyez comme on danse*
Pancol Katherine, *Encore une danse*
Provis Martine, *La soupe aux cailloux*
Ryan Cornelius, *Le jour le plus long*
See Lisa, *Fleur de neige*
Segal Erich, *Love Story*
Shariff Samia, *Le voile de la peur*
Signol Christian, *Mes romans de l'enfance*
Signol Christian, *Les chênes d'or*
S.S. le Dalaï-Lama, *Conseils du cœur*
Vincenot Henri, *La Billebaude*
Wieviorka Olivier, *Histoire du débarquement en Normandie*
Williamson Penelope, *La passion d'Emma*

Cet ouvrage a été réalisé par Patrick Leleux PAO
14000 Caen

Cet ouvrage a été imprimé en France par

CPI
BUSSIÈRE

à Saint-Amand-Montrond (Cher)
en avril 2014

N° d'impression : 2008488
N° d'édition : 2014-04-0
Dépôt légal : avril 2014
ISBN : 978-2-36559-082-2